Petra Krippner

Blutzella von Dracos

wurde ihr mulmig zumute und ein leicht grünlicher Schimmer überzog ihre vornehme Leichenblässe. Nein, das war doch völlig unmöglich! Oder? Gut, sie war eine Langschläferin, musste oft zehnmal geweckt werden, aber das war doch kein Grund, sie einfach …

Blutzella dachte nicht länger nach, sondern lief eilig die morsche Treppe hoch. Mit aller Kraft stemmte sie sich gegen die verklemmte Tür, die schließlich mit einem knarrenden, unwilligen Laut nachgab.

Ein Blick genügte, um die Situation zu erfassen: Es war niemand mehr da. Nur der Sturmwind pfiff heulend durch die Fensterlöcher und blähte Blutzellas pechschwarzen Mantel auf. Das Vampirmädchen aber nahm davon kaum Notiz. Ratlos stand es zwischen den Resten einer ehemaligen Küche und setzte sich schließlich auf einen Stapel Bretter, die vom oberen Stockwerk heruntergefallen waren. Ihre Familie hatte sie tatsächlich vergessen, war einfach ohne sie ausgeflogen – nicht zu fassen!

Ihre Nachtmahlzeit, eine mittelgroße, fette Ratte, lief vergnügt durch den verstreuten Unrat. Aber Blutzella war der Appetit gründlich vergan-

gen. Angestrengt überlegte sie, während draußen ein heftiges Gewitter niederging. Blitze zuckten als weiß glühende Schwerter am Himmel, Donner grollten laut wie übellaunige Drachen. So ein Wetter war selbst für Vampire nicht ganz ungefährlich.

Blutzella wusste, dass ihre Familie eine Sargschreinerei besichtigen wollte. Ihr Vater war sehr an den neuesten Sargmodellen interessiert. Im Reiseprospekt hatte man ausdrücklich auf die meisterhafte Ausführung der Särge hingewiesen und auf den Schlüssel im Brunnen, mit dem sich das Werkstatttor öffnen ließ. Vielleicht war ihre Familie wegen des nahenden Gewitters so eilig aufgebrochen und hatte deshalb vergessen, sie wie sonst mehrmals zu wecken.

Diese Erklärung fand Blutzella einleuchtend. Aber das änderte nichts an der Tatsache, dass sie ihren letzten Urlaubstag allein verbringen musste, während ihre Familie sicher einen Mordsspaß hatte. Ihre Brüder und Schwestern würden sich beim Probeliegen in den schicksten Särgen bestimmt prächtig amüsieren. Ihr Vater würde eifrig Skizzen anfertigen, um alle interessanten Modelle später in seiner Gruft nachzubauen. Und ihre

Mutter hatte sicher nur Augen für die kunstvoll genähten Kissen und Decken.

Bestimmt war ihnen noch gar nicht aufgefallen, dass ihre jüngste Tochter fehlte. Und selbst wenn, würde deshalb niemand umkehren, wusste Blutzella. Sicher wären sich alle einig, dass es ihr recht geschehe, weil sie immer und überall trödelte. Enttäuscht ließ Blutzella ihre scharfen Krallen die Bretter auf- und abgleiten.

Nein! Allein bleiben wollte sie auf keinen Fall. Ihre Gedanken wurden so messerscharf wie ihre Fingernägel. Als sie aufsprang, fiel der sorgfältig durchgesägte Bretterstapel auseinander. Blutzella lief zu dem schweren Koffer, in dem ihr Vater die Reiseunterlagen aufbewahrte. Schnell studierte sie die Flugroute im Reiseprospekt.

„Hm, das müsste zu schaffen sein", murmelte sie aufgeregt. Sie würde ihrer Familie schon beweisen, wie ausgeschlafen sie war und wie ausgezeichnet sie sich allein in der Fremde orientieren konnte. Die würden Fledermäuse staunen, wenn sie ganz lässig am Ausflugsziel auftauchte!

Nicht einmal das heftige Gewitter konnte Blutzella von ihrem Plan abhalten. Sie sprang in eines der zugigen Fensterlöcher und breitete gebieterisch ihren schwarzen Mantel aus. Elegant und anmutig erhob sie sich in die Lüfte, während die Blitze sie grell umzuckten und der Donner zornig brüllte. Nach wenigen Minuten sammelte sich der Regen in kleinen Pfützen auf ihrem Umhang und durchnässte ihn völlig. Gekonnt flog Blutzella ein paar Loopings und schüttelte so das Wasser aus dem Mantel.

Bald hatte sie den dichten Wald hinter sich gelassen und bewegte sich in schnellem Flug auf die Stadt zu. Sorgfältig achtete sie darauf, den Stromleitungen ja nicht zu nahe zu kommen. Ihr Großonkel väterlicherseits hatte mit seinem Mantel einmal eine Starkstromleitung berührt. Nun glich er einer verschrumpelten Fledermaus und verdiente seinen Lebensunterhalt als abschreckendes Beispiel in den Vampirschulen des ganzen Landes. Dort hielt er Vorträge zum Thema „Die Fallen im Menschenreich und ihre Folgen“. Blutzella fand, dass mit seinem Anblick eigentlich alles gesagt war.

Sie hielt nicht nur ausreichend Sicherheitsabstand zu den gefährlichen Leitungen, sondern wich auch den Blitzen geschickt aus. Trotzdem war sie sehr erleichtert, als die ersten nass glänzenden

Dächer der Stadt auftauchten. Dieser Alleinflug bei Gewitter war mit Abstand das bisher gefährlichste Unternehmen in ihrem 110-jährigen Vampirleben.

Blutzella flog langsamer und versuchte sich zu orientieren. Direkt unter ihr lag der Friedhof. Nur wenige Straßenzüge davon entfernt, in nordöstlicher Richtung, musste sich die Sargschreinerei befinden. Das matte Licht der Straßenlaternen verursachte ihr unangenehme Kopfschmerzen.

„Abgemurkst und aufgehängt!“, fluchte sie und ärgerte sich, dass sie ihre Sonnenbrille vergessen hatte. Sie befand sich in ihrem Notfallgepäck. Und das wiederum lag in der Ferienwohnung in ihrer Kiste.

Interessiert blickte Blutzella nach unten, als die laute Sirene eines Feuerwehrautos den grollenden Donner übertönte. Doch ein merkwürdiges Geräusch hinter ihr lenkte ihre Aufmerksamkeit schnell wieder nach oben. Sie schaute sich um – und wurde augenblicklich grün im Gesicht: Die Antenne eines Hauses hatte ihren Mantel genau in der Mitte durchtrennt! Im gleichen Moment verlor Blutzella auch schon ihre Flugkraft und trudelte nach unten. Geistesgegenwärtig versuchte sie zwar noch den zerrissenen Umhang zusammenzuhalten, aber da landete sie auch schon ziemlich unsanft in einem Blumenbeet.

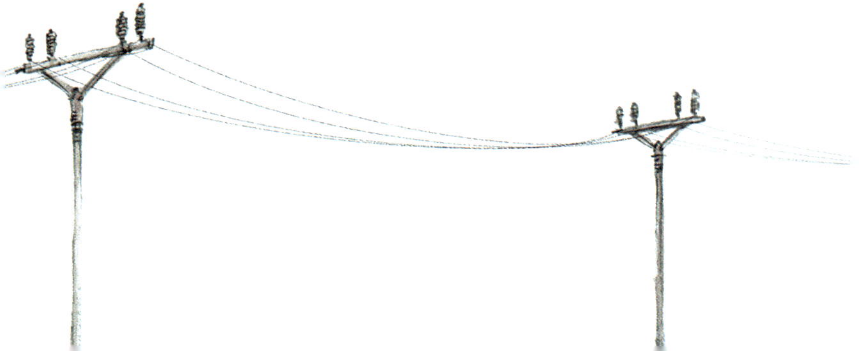

Als sie wenig später wieder zu sich kam, brummte ihr gewaltig der Schädel. Trotzdem begutachtete sie sofort den Schaden an ihrem Umhang. Er war fast komplett durchgerissen. Keinen Meter mehr konnte sie so fliegen! Und Nadel und Faden befanden sich, wie die dringend benötigte Sonnenbrille, in ihrem Notfallgepäck.

„Da liegen sie gut", seufzte Blutzella zerknirscht und rappelte sich auf. Es blieb ihr nichts anderes übrig, als den restlichen Weg zu Fuß zurückzulegen. Eine mühselige und nicht sehr ehrenvolle Angelegenheit für einen Vampir.

Allein in der Menschenwelt

Urlaubsausflüge im Alleingang waren zwar herrlich aufregend, aber auch sehr anstrengend. Blutzella von Dracos freute sich deshalb schon darauf, bald wieder bei ihrer Familie zu sein, auch wenn es wegen des zerrissenen Mantels bestimmt Ärger geben würde.

Unsicher blickte sie sich um. Hier unten sah alles so anders aus als aus der Luft. Mühsam versuchte sie sich zu orientieren, während der Regen sie weiter durchweichte. Der kaputte Mantel hing wie ein nasser Sack um ihre Schultern. Die sonst strubbelige Vampirmähne klebte eng am Kopf. Um ihre empfindlichen Augen zu schützen, wich Blutzella den Straßenlaternen aus und schlich an dunklen Hauseingängen und Garagenhöfen entlang. Kein menschliches Wesen war weit und breit zu sehen.

Angestrengt hielt sie Ausschau nach dem beschriebenen Brunnen. Ihrer Einschätzung nach musste er ganz in der Nähe sein. Sie lief die Straßen auf und ab, konnte ihn aber nirgends finden. Schließlich entdeckte sie hinter einem Gartenzaun einen kleinen Brunnen mit einer Löwenfigur. In der Mitte des parkähnlichen Gartens lag im Halbdunkeln ein großes Haus. Das musste die im Reiseprospekt beschriebene Werkstatt sein. Denn Särge, das wusste Blutzella, benötigten jede Menge Platz. Schnell kletterte sie über den Gartenzaun und griff in die Öffnung des Löwenmauls, aus dem tagsüber Wasser sprudelte. Aber da war kein Schlüssel! Enttäuscht zog Blutzella ihre Hand zurück.

Natürlich nicht – den Schlüssel hat ja Vater bei sich!, fiel Blutzella erleichtert ein. Schnurstracks machte sie sich auf die Suche nach einer offenen Tür. Aber sowohl die Vorder- als auch die Hintertür waren fest verschlossen. Sollte Vater von innen abgesperrt haben? Ihr Blick glitt über die Fassade und blieb an einem Balkon hängen. Die Balkontür war nur gekippt, wie Blutzellas vorzügliche Nachtaugen sofort registrierten. Sie kletterte auf einen Apfelbaum und sprang auf einen großen Schuppen, der an das Haus grenzte. Von dort aus hangelte sie sich auf den Balkon.

Türen, Tore und Deckel aller Art zu öffnen, lernten Vampire bereits im ersten Schuljahr. Geschickt ließ Blutzella ihren langen Arm durch die Öffnung gleiten und entriegelte mit ein paar Handgriffen den Türmechanismus. Schnell schlüpfte sie in das warme und vor allem trockene Zimmer.

Sie schnüffelte aufgeregt und war fasziniert von dem herrlichen Duft, der sie auf einmal umgab. Das Wasser lief ihr im Mund zusammen und tropfte von ihren spitzen Zähnen, als sie zwei Meerschweinchen in einem geräumigen Käfig entdeckte. Blutzella war überrascht. Sie hatte nicht gewusst, dass auch Menschen Meerschweinchen als Delikatesse schätzten. Ihr Magen knurrte laut beim Anblick der niedlichen braun-weißen Tierchen mit ihren Knopfaugen. Genüsslich leckte sie sich die schwarzen Lippen, während ihre Finger nach der Käfigtür tasteten …

Doch da entdeckte sie plötzlich das schlafende Mädchen. „Gleich, meine Süßen! Aber ich habe noch nie einen Menschen aus der Nähe gesehen, während ich euresgleichen schon öfter genossen habe!", flüsterte sie und schlich zum Bett mit dem friedlich träumenden Kind. Sie setzte sich auf die Bettkante und beugte sich interessiert über das Mädchen. Dabei fiel ein Tropfen Wasser aus ihrem nassen Haar auf das Gesicht des Menschenkindes. Es zuckte kurz mit dem Mund und drehte sich dann zur Seite.

Erschrocken wich Blutzella zurück. Sie musste aufpassen: Menschen waren noch gefährlicher als das Tageslicht! Und ohne funktionierenden Umhang konnte sie nicht einmal schnell wegfliegen, wenn es brenzlig wurde. Glücklicherweise schlief das Kind friedlich weiter.

Blutzella grinste. Wenn dieses Mädchen wüsste, wie sehr Vampire Menschen verabscheuten. Schon in der ersten Klasse hatte sie gelernt, wie unverträglich die modernen Menschen waren: Vollgestopft mit Chemikalien und Medikamenten, bedeuteten sie für jeden Vampir den Verlust seiner Lebenskraft. Einst als Blutlieferant hoch geschätzt, stand der Mensch jetzt auf der „Liste der unbedingt zu meidenden Wesen".

Längst hatten sich die Vampire auf gesunde Vollwertkost umgestellt: Insekten und Kleintiere aller Art lieferten jede Menge Proteine. Eine speziell gezüchtete Art von roten Riesenameisen sorgte für genügend lebensnotwendiges Blut. Darüber hinaus gab es auch Vegetarier wie ihren Onkel Nihilus von Dracos. Der ernährte sich nur von roten, scharfen Chilischoten und selbst gebrautem, rotem Bier. Immerhin gewann er mit seinen 450 Jahren noch fast jeden Flugwettbewerb. Onkel

Nihilus schwor auf die Kraft der Chilischoten und hatte schon viele begeisterte Anhänger.

Blutzellas Vater, Morastus von Dracos, allerdings lehnte die Ernährungsweise seines Bruders ab und meinte, rotgesichtige Vampire seien unnatürlich. Onkel Nihilus war so etwas wie das „weiße Lamm" der adeligen, transsilvanischen Familie und sorgte mit seinem Lebenswandel für reichlich Gesprächsstoff. Ihr Großvater mütterlicherseits, Nosferatu von Gruftel, lachte nicht nur über Onkel Nihilus, sondern lästerte auch ständig über die Lebensweise moderner Vampire. Opa Gruftel schwärmte nach wie vor von schneeweißen, saftigen Menschenhälsen. Begeistert erzählte er von vergangenen Zeiten, als die Menschen noch nicht mit Umweltgiften belastet gewesen waren.

„Damals gab es noch rauschende Feste!", war der Anfang vieler bluttriefender Geschichten, mit denen er Onkel Nihilus so ärgerte, dass dieser fast jede Familienfeier vorzeitig verließ.

Versonnen betrachtete Blutzella den schneeweißen Hals des Mädchens und überlegte, was ihr Großvater wohl jetzt an ihrer Stelle tun würde. Dann streckte sie ihre bleichen Finger aus und griff dem nichts ahnenden Kind behutsam ins

Haar. Ganz fein und weich fühlte es sich an, im Gegensatz zu ihrem. Wie alt dieses Mädchen wohl sein mochte?

Plötzlich, von einem Augenblick auf den anderen, wurden Blutzellas Arme und Beine schwer wie Blei, der Kopf schmerzte, die Augen brannten. Sie kannte dieses Gefühl nur zu gut. Benommen stand sie auf und blickte zur Balkontür.

„Nein, das darf doch nicht wahr sein!", flüsterte sie entsetzt, als sie den feinen, hellen Streifen am Horizont entdeckte.

Das Tageslicht ist zwar schon lange nicht mehr tödlich für Vampire. Aber es ergeht ihnen so wie Echsen oder Schlangen bei sinkenden Temperaturen. Zuerst werden sie immer träger, bis sie schließlich erstarren und sich überhaupt nicht mehr bewegen können. In diesem Zustand sind sie jedem Angreifer wehrlos ausgeliefert.

Angestrengt überlegte Blutzella, wo sie sich bis zur Dunkelheit vor den Menschen verbergen konnte, als ihr Blick auf den Kleiderschrank fiel. Sie öffnete die Tür und atmete auf. Ein absolut geeigneter Ort! Während die Müdigkeit immer stärker nach ihren bleichen Gliedern griff, schlich sie zum Meerschweinchenkäfig und schnappte sich die beiden Tierchen. Erschöpft erreichte sie den Kleiderschrank und zog mit unendlicher Mühe die Tür hinter sich zu.

Ihr vorletzter Gedanke galt ihrer Familie. In der nächsten Nacht musste sie sich unbedingt Nadel und Faden besorgen. Auch Menschen benutzten diese Dinge. Mit dem genähten Mantel konnte sie in die Ferienwohnung zurückfliegen. Ihr letzter Gedanke galt den quiekenden Meerschweinchen. Ganz, ganz langsam hob sie den Arm mit einem der niedlichen Tierchen und führte ihn zu ihrem blauschwarzen Mund mit seinen spitzen, scharfen Zähnen. Doch mitten in dieser Bewegung schlief sie mit offenen Augen ein.

Ein Vampir im Kleiderschrank

Das Schrillen des Weckers im Kinderzimmer hörte Blutzella nicht mehr. Auch nicht, dass das Mädchen sich lautstark über ihre nasse Bettwäsche und den modrigen Geruch im Zimmer wunderte. Und sie hörte auch nicht den entsetzten Schrei, als das Mädchen die Schranktür öffnete.

Lisa Kaltenthal wurde so bleich und starr wie jenes Wesen, das sie im Schrank erblickte. Die Meerschweinchen Stan und Olli flüchteten laut quiekend unter das Bett und drückten sich zitternd aneinander. Lisa öffnete den Mund, um erneut zu schreien, doch kein Laut entwich ihrer Kehle. Erst ein eisiger Windhauch im Nacken brachte sie wieder zur Besinnung. Erschrocken fuhr sie herum und prallte dabei so heftig gegen

einen flügelschlagenden Schatten, dass sie ohnmächtig zu Boden fiel.

Der Schatten strauchelte ebenfalls, rappelte sich aber schnell wieder auf und begann mit einem leichten Knarren lederartige Flügel zu entfalten.

Darunter reckte und streckte sich der Körper einer braunen Fledermaus.

„Das Licht hier bringt mich um! Dieses Menschenkind ist dumm“, krächzte die Fledermaus erbost und entblößte zwei elfenbeinfarbene, nadelspitze Fangzähne. Mit ihren Flügeln wischte sie sich über die triefenden Augen und ließ ihren Blick gequält durch das Halbdunkel des Zimmers wandern. Erleichtert schmatzte sie, als sie einen kleinen, schwarzen Gegenstand neben sich entdeckte. Mit den scharfen Krallen ihrer kurzen Füße griff sie nach einer winzigen Sonnenbrille.

„Ah, schon viel besser: Augen wieder scharf wie Messer!“, grunzte Gurgel von Hals.

Sofort nach ihrer Rückkehr in die Ferienwohnung hatten Blutzellas Eltern das Verschwinden ihrer jüngsten Tochter bemerkt und Hilfe angefordert. Als diensthabende Rettungsfledermaus war Gurgel von Hals ausgesandt worden, die verschwundene Blutzella von Dracos aufzuspüren und sicher nach Hause zu bringen.

Kein ungewöhnlicher Auftrag für die dichtende Fledermaus. Vampire auf Reisen hatten öfter Probleme. Vor allem die Billiganbieter unter den

Reiseunternehmen versäumten es meist, auf die zahlreichen Gefahren in der Menschenwelt hinzuweisen.

Erst letztens hatte Gurgel von Hals die Spur einer alleinreisenden, 798-jährigen Vampirdame verfolgt. Nach langem Suchen hatte er die betagte Vampirin schließlich hilflos eingeklemmt im Fahrstuhl einer alten, verfallenen Villa gefunden. „Gelenkschonendes Schweben in reizvollem Ambiente" hatte der Reiseanbieter den altersschwachen, schmiedeeisernen Fahrstuhl beschrieben, der Lady Aschfahl beinahe zum Verhängnis geworden wäre.

Auch viele der herausgegebenen Reiserouten erwiesen sich als völlig veraltet. Anstatt sich gemütlich in modernden Sümpfen zu entspannen, fanden Erholung suchende Vampire nicht selten eine Neubausiedlung vor, bevölkert von grässlich stinkenden Menschen.

Rettungsfledermaus Gurgel von Hals war spezialisiert auf vermisste Urlaubsgäste in der Menschenwelt. Auch Blutzella hatte er schnell aufgespürt, aber der anbrechende Morgen und die unmittelbare Anwesenheit von Menschen bereiteten ihm Kopfzerbrechen.

Er rückte seine Brille zurecht, als sich das Mädchen wieder zu regen begann. Lisa Kaltenthal öffnete die Augen und blickte entsetzt in das Gesicht der knorrigen Fledermaus mit Sonnenbrille. Ihren Aufschrei erstickte Gurgel von Hals, indem er überraschend kraftvoll seinen krallenartigen Fuß auf ihren Mund presste.

„Menschenkind, sei gescheit und schweige, ich tu dir nichts zuleide. Entweicht nur ein Schrei deinen Lippen, dann brechen alle deine Rippen!“, zischte er gefährlich und fletschte zur Verdeutlichung seine nadelspitzen Zähne.

„Lisa, aufstehen!“, drang es gedämpft durch die Zimmertür.

„Ein falsches Wort nur, meine Süße, und aus dem Jenseits kommen deine Grüße!“

Lisas lautes: „Ja, ich komme gleich!“, klang seltsam verstört, aber das tat es jeden Montagmorgen und niemand dachte sich etwas dabei. Immer noch starrte sie der Fledermaus ängstlich ins Gesicht und wagte es nicht, sich zu bewegen.

„Bist du nun ganz still und leise, erklär ich dir meine Art und Weise“, krächzte Gurgel von Hals. Er musterte Lisa durchdringend und spitzte drohend sein Maul. Das Mädchen rührte sich keinen

Zentimeter und starrte ihn mit vor Schreck geweiteten Augen an. Behäbig hüpfte er neben sie auf den Boden.

„Ich muss zur Schule!“, presste Lisa schließlich hervor. „Meine Mutter wird mich holen, wenn ich nicht bald zum Frühstück erscheine.“

„Weiße Haut, blondes Haar, vergangen sind die Zeiten auf ewig gar“, seufzte die Fledermaus unbeeindruckt und betrachtete sehnsüchtig Lisas schneeweißen Hals. „Das Mädchen dort drüben muss ich begleiten in für dich unendliche Weiten. Fern von hier gibt es ein Land, blutsaugende Wesen sind dort bekannt. Gurgel von Hals entdeckt verirrte Vampire und bringt sie zurück in ihre Quartiere“, krächzte er weiter, während seine Augen wachsam auf Lisa ruhten.

Das Mädchen setzte sich langsam auf und kniff sich in die Hand, um festzustellen, ob sie wach war oder träumte.

In diesem Moment klopfte es energisch an der Tür. „Hey, Schlafmütze! Beeil dich, wenn wir zusammen mit dem Rad zur Schule fahren wollen.“ Gurgel von Hals verkroch sich unter Lisas Bett und rückte bedrohlich nah an die beiden Meerschweinchen heran.

Lisas großer Bruder Sven steckte den Kopf durch die Tür. „Puh, du solltest mal wieder gründlich lüften. Hier stinkt es ja wie in einer Mülltonne!“, rümpfte er die Nase. „Bist du aus dem Bett gefallen, Schwesterherz, oder was suchst du auf dem Boden?“

„In meinem Schrank sitzt ein Vampir und unter dem Bett eine Fledermaus, die Stan und Olli bedroht, wenn du es genau wissen willst", flüsterte Lisa heiser und blickte ihren Bruder hilfesuchend an.

Sven lachte laut. „Ich nehme an, ihr habt alle drei jede Menge Knoblauch gefuttert, da kann euch ja nichts passieren. Schwesterherz, nimm lieber den Bus! Und noch ein guter Rat von mir: Dusch dich vorher, sonst wirst du laufen müssen. Auch Busfahrer haben gute Nasen."

Überrascht, dass seine Schwester nicht wie sonst auf seine gemeinen Anspielungen reagierte, blieb Sven noch einen Augenblick unschlüssig in der Tür stehen. Lisa stand auf und zwinkerte heftig, um ihren Bruder auf den Ernst der Lage aufmerksam zu machen.

„Hey, hast du was im Auge, Kleine? Na dann, ich muss jetzt." Sven schüttelte den Kopf und zog die Tür wieder hinter sich zu. Er fragte sich, ob er als Zehnjähriger auch so seltsame Anwandlungen gehabt hatte. Das war zwar schon sechs Jahre her, aber in einem Punkt war er sich ganz sicher: In seinem Zimmer hatte es niemals so ekelhaft gestunken.

„Verrat hat hier weder Sinn noch Zweck, dein Bruder nimmt dich nicht ernst und ist weg!" Gurgel von Hals war auf Lisas Kopfkissen gehüpft und warf sich in die Brust. Er hatte vor, das Mädchen tüchtig einzuschüchtern. Die schrecklichsten Reime legte er sich zurecht, während Lisa sich bückte und ihre verängstigten Meerschweinchen unter dem Bett hervorholte. Schnell packte sie Stan und Olli in den Käfig und verriegelte ihn sorgfältig.

Die dichtende Fledermaus machte sich kampfbereit und rollte gefährlich mit den Augen. Das konnte Lisa wegen der Sonnenbrille zwar nicht sehen, aber daran störte Gurgel von Hals sich wenig. Er war voll in Fahrt, spannte seine Flügel und riss das Maul weit auf, um die grausamsten Verse jenseits des Seufzerwaldes zum Besten zu geben. Doch plötzlich fing es in seinem Hals an zu jucken und zu kratzen. Ausgerechnet in jenem empfindlichen Körperteil, das seit Generationen das Aushängeschild seiner ganzen Familie war.

Gurgel von Hals holte tief Luft, aber das lästige Jucken und Kratzen wurde immer schlimmer. Er rümpfte die Nase, streckte seine braunen Flügel von sich und nieste fürchterlich. Die kleine, pechschwarze Sonnenbrille flog in hohem Bogen durch das Zimmer. Die Fledermaus schüttelte es am ganzen Körper und ein seltsames „Hatschi!“ jagte das andere.

Lisa beobachtete sie beunruhigt. Wie es aussah, hatte das schreckliche Flattertier ernsthafte Probleme. Seine schwarzen Augen tränten und offensichtlich bekam es kaum noch Luft. Jetzt wäre es für Lisa ein Leichtes gewesen zu fliehen, aber sie zögerte.

„Menschenhaar nimmt mir die Luft, Gurgel liegt bald in der Gruft!“, japste die Fledermaus verzweifelt zwischen Nies- und Hustenanfällen. Dabei machte sie einen so jämmerlichen und hilflosen Eindruck, dass sich Lisa trotz aller Abscheu nicht einfach abwenden konnte. Umso mehr, da

ihr die eigenartigen Symptome, die dieses Geschöpf zeigte, sehr vertraut waren.

Lisa kämpfte eine Weile mit sich, ging schließlich zur Schreibtischschublade und holte eine kleine Spraydose hervor.

„Ich nehme an, es sind keine Gräser, gegen die du allergisch bist, aber einen Versuch ist es wert“, flüsterte sie entschlossen und hüllte die nach Luft ringende Fledermaus in einen feinen Sprühnebel.

Erschöpft lag Gurgel von Hals auf Lisas Bett und atmete schwer. Das dichte, am Unterbauch hellbraune Haarkleid stand struppig ab, während seine Füße und Flügel zuckten.

Zwar wusste er von seiner allergischen Reaktion auf Menschenhaar, aber dass es so dramatisch werden konnte, hatte er nicht geahnt. Sein ganzes

Leben zog in Sekundenschnelle vor seinem geistigen Auge vorbei: Er sah sich als kleines Fledermausbaby im schaurig düsteren Familienbaum, blickte in die stolzen Augen seiner Eltern, als er erfolgreich die ersten Flugversuche absolvierte, und spürte noch einmal die Freude, als er feierlich als Rettungsfledermaus im Team der Reiseflugflotte aufgenommen wurde. Die Stimmen all seiner flatterhaften Verwandten summten und brummten in seinem Kopf wie in einem Bienenstock.

Plötzlich mischte sich ein Zischen in die vertraute Geräuschkulisse. Beherzt beugte sich Lisa über ihn und sprühte das Allergiemittel direkt in sein halb geöffnetes Maul. Gurgel von Hals wollte protestieren, weil er glaubte, dass Lisa vorhatte, ihn mit Insektenspray zu vergiften. Aber es war zu spät: Schon fühlte er einen bitteren Geschmack im Mund, der sich schnell ausbreitete und seine Sinne benebelte. Immerhin würde er als „Held in Ausübung seines Amtes“ in die stolze Ahnengalerie seiner Verwandten eingehen, dachte er in einem letzten klaren Moment. Sein Name, Gurgel von Hals, würde in einer feierlichen Zeremonie mit einem versilberten, spitzen Knochen in den Zackenbaum des Seufzerwaldes eingeritzt werden. Vorausgesetzt allerdings, seine Kollegen vom Rettungsdienst würden ihn je in dieser schrecklichen Menschenwelt finden.

Doch die Arznei zeigte eine ganz andere Wirkung, als die Fledermaus glaubte. Schon bald begann Gurgel von Hals wieder ruhig zu atmen und versank wenig später in einen kurzen, aber tiefen Schlaf. Als er erwachte, war er über alle Maßen verblüfft, dass er sich nicht im „Reich der großen Flatter“ bei seinen verblichenen Verwandten befand. Konnte es sein, dass er gegen Insektenspray immun war? Er dachte eine Weile angestrengt nach, kam aber zu keinem rechten Ergebnis. Erst dann fiel ihm auf, dass das Mädchen verschwunden war.

Er erschrak und flog sofort zur Zimmertür. Als er mit seinen Krallenfüßen die Klinke herunterdrückte, stellte er fest, dass die Tür verschlossen war. Auch die Balkontür und das Fenster waren verriegelt. Nachdem er einsehen musste, dass sämtliche Fluchtwege versperrt waren, blieb ihm nichts anderes übrig, als zu warten. Darauf, dass die Menschen kommen würden, um ihn und Blutzella wegzuschleppen, sie beide ans grelle Tageslicht zu zerren, zu begaffen – und Schlimmeres. Letzteres wollte sich Gurgel von Hals lieber nicht so genau vorstellen. Aber er beschloss, allen menschlichen Angreifern mit Mut und Entschlossenheit entgegenzutreten und zu zeigen, wie tapfer eine dichtende Rettungsfledermaus aus dem Seufzerwald war.

Der Pakt

Nachdem Lisa ihren unheimlichen Besucher erfolgreich mit dem Allergiemittel versorgt hatte, beobachtete sie, wie er erschöpft einschlief, und kleidete sich dann schnell an. Ihre Gedanken flatterten wie irregeleitete Fledermäuse in ihrem Kopf umher. Anstatt ihre Eltern zu Hilfe zu holen, wie die Vernunft es gebot, schloss sie sorgfältig die Balkontür und die Zimmertür ab, bevor sie in die Küche eilte.

Ihr Vater faltete bereits die Zeitung zusammen und verschwand mit einem kurzem Gruß und einem flüchtigen Kuss auf Lisas Stirn im Badezimmer. Ihre Mutter bestrich sich ein Knäckebrot mit Magerquark und sah nur kurz auf. „Du bist spät dran, Lisa, wie immer!“

Lisa zuckte mit den Schultern. Mutter war wieder einmal auf Diät und wie immer in diesen mageren Wochen übel gelaunt.

„Was würdest du tun, Mama, wenn eines Morgens plötzlich ein Vampir in deinem Schrank sitzt und dich eine Fledermaus bedroht?“, fragte Lisa trotzdem so beiläufig wie möglich und trank ein paar Schlucke Kakao.

„Wie, mein Schatz? Ein Vampir im Schrank? Ich würde wahrscheinlich so lange schreien, bis sich der Albtraum in Luft auflöst. Ach, Unsinn, was soll das! Vampire gibt es doch gar nicht. Warst du wieder ohne meine Erlaubnis mit Franziska im Kino?“ Die Mutter runzelte die Stirn, während sie missmutig ihre Karotten schälte.

Lisa verneinte und seufzte. Sie hatte es ja geahnt: Mütter auf Diät waren nicht viel besser als Vampire im Zimmer.

Wenig später verließ sie wie jeden Tag eilig das Haus. Diesmal aber rannte sie nicht zur Bushaltestelle, sondern versteckte sich im Gartenhäuschen. Das nächtliche Gewitter hatte die drückende Schwüle der letzten Tage verscheucht. Frisch und klar war die kühle Morgenluft, befreit von Gräserpollen. Und im Moment fliegen auch keine Fledermäuse und Vampire, dachte Lisa und blickte auf den bedeckten Himmel, der an manchen Stellen strahlend blau aufriss, aber sofort wieder von rasch vorbeiziehenden Wolkentürmen verdeckt wurde. Ungeduldig wartete sie, bis ihre Eltern endlich das Haus verließen und zur Arbeit fuhren. Zusammen betrieben sie ein kleines Antiquitätengeschäft in der Innenstadt.

Wie eine Diebin schlich sich Lisa ins Haus zurück. Ihr Herz schlug laut, als sie zum Telefon griff und sich mit tiefer Stimme in der Schule entschuldigte. Die Sekretärin bemerkte den Schwindel nicht und nahm die Entschuldigung wie selbstverständlich entgegen.

Danach ging Lisa auf Zehenspitzen nach oben. Schon hier im Flur lag ganz deutlich ein leicht modriger Geruch in der Luft. Lisa lauschte eine Weile an ihrer Zimmertür. Kein Geräusch war von innen zu hören. Vorsichtig steckte sie den Schlüssel ins Schloss und drehte ihn ganz langsam herum.

Auf diesen Moment hatte Gurgel von Hals gewartet. Als die Zimmertür geöffnet wurde, stürzte er sich mit wildem Kampfgeschrei auf das ahnungslose Mädchen.

„Hinweg mit euch, ihr Menschen alle, niemals geht Gurgel von Hals euch in die Falle!“, stieß er aufgebracht hervor.

Lisa schrie erschrocken auf, packte die Fledermaus an ihren ledernen Flügeln und warf sie mit einer einzigen, kräftigen Bewegung zu Boden. „Jetzt reicht es! Ich rette dir mit meinem Allergiespray das Leben und du greifst mich an!“, brüllte sie und suchte nach einem Gegenstand, um sich gegen das wild gewordene Flattertier zu verteidigen.

„Dachte, du hast uns verraten, und wollte allen Menschen eins überbraten! Gurgel von Hals ist sehr stark, seine Kraft geht durch Bein und Mark!“, antwortete er, obwohl er ernüchtert am Boden lag. Er war auf eine ganze Menschenhorde vorbereitet gewesen und nun hatte ihn dieses halbwüchsige Kind mit einem einzigen Schlag außer Gefecht gesetzt. Und damit nicht genug: Auch seinen rechten Flügel hatte er sich bei dem Sturz verletzt. Unbeholfen versuchte er seinen Zustand vor Lisa zu verbergen und erklärte umso würdevoller: „Ich kann vernichten und zerstören, alle, die nicht auf mich hören! Du aber hast mir geholfen in der Not, erspart sei dir deshalb der Tod.“

Lisa hatte sich mit einem Regenschirm bewaffnet und wartete nun mit ausdrucksloser Miene auf einen neuen Angriff. Sie ärgerte sich, dass sie sich in einem Anfall von Mitgefühl hatte hinreißen lassen, dieser boshaften Fledermaus zu helfen.

Schweigend belauerten sich die beiden eine Weile. Schließlich senkte Lisa den Regenschirm und fragte: „Was ist mit deinem Flügel? Warum hängt er so schlapp herunter?"

„Mächtig und stark sind meine Schwingen, werden mich bald zurück zum Seufzerwald bringen!", knurrte Gurgel von Hals prahlerisch, aber mit gesenktem Blick.

Lisa eilte zum Fenster und öffnete es weit, ebenso wie die schmale Balkontür.

„Ich habe keine Ahnung, warum ihr euch gerade zu mir verirrt habt. Hier, ich will dich nicht fangen. Wecke das schreckliche Geschöpf in meinem Schrank und dann fliegt davon. Haut ab, alle beide, bevor meine Eltern oder, noch schlimmer, mein Bruder, nach Hause kommen!"

Gurgel von Hals blinzelte gequält ins Tageslicht, das Lisas Zimmer hell durchflutete.

„Wenn es ginge nur nach mir, wäre ich längst nicht mehr hier. Doch weil auch hier die Gesetze des Seufzerwaldes bestehen, kann nicht vor heute Nacht ich von dir gehen. Dunkelheit ist unser Elixier, solange musst du uns behalten hier", antwortete er verzagt und humpelte eilig aus dem Lichtkegel, der seine empfindlichen Augen trotz Sonnenbrille quälte. Schwerfällig schleifte er seinen rechten Flügel hinterher. Neben dem Papierkorb unter Lisas Schreibtisch ließ sich Gurgel von Hals schließlich nieder und verfluchte nicht zum ersten Mal in seinem flatterhaften Leben die veralteten Flugkarten aller Billigreiseunternehmen.

Nachdem Lisa ihn eine ganze Weile schweigend angestarrt hatte, ging sie zum Schrank und öffnete vorsichtig die Tür. Dort saß zwischen

Jeans und Shirts immer noch wie erstarrt die bleiche Gestalt in dem zerrissenen Mantel. Sie wirkte auf Lisa sehr gefährlich, aber auch zerbrechlich und geheimnisvoll. Warum hatte sie sich ausgerechnet hier versteckt?

Hin und her gerissen zwischen Grauen und Neugier fasste Lisa einen folgenschweren Entschluss. „Sobald es heute Abend dunkel ist, verschwindet ihr beide. Bis dahin werde ich euch nicht verraten. Allerdings nur, wenn du mir versprichst, mich nicht anzugreifen und mir mehr von dem Vampirmädchen im Schrank zu erzählen!"

Lisas Forderung drang wie durch eine Nebelwand zu Gurgel von Hals. Träge blinzelte er unter dem Schreibtisch hervor. Das Tageslicht verzögerte zunehmend seine Reaktionen. Wut und Ärger strömten nun ganz langsam durch seine Adern, büßten aber nichts von ihrer gewaltigen Kraft ein. Er wusste doch überhaupt nichts über das ausgerissene Vampirkind.

Eigentlich nahm er niemals Aufträge kurz vor Tagesanbruch entgegen. Doch diese Vampirfamilie hatte nicht lockergelassen, schließlich auch noch angefangen zu heulen und zu schluchzen. Acht flennende Vampire waren mehr, als die stärkste Fledermaus ertragen konnte. Nur deswegen hatte er sich auf den riskanten Flug in den Stunden des Zwielichts eingelassen. Und was war das Ergebnis dieser gefährlichen Mission? Der Feind hatte ihn gefangen und das Tageslicht seine Kräfte gelähmt. Das alles wegen einer hysterischen Vampirfamilie, die gedroht hatte, einen Musterprozess wegen unterlassener Hilfeleistung anzustrengen, falls nicht unverzüglich nach dem vermissten Töchterchen gefahndet wurde. Alle seine Kollegen hatten abgelehnt. Nur er war so dumm gewesen, sich von den flehentlichen Blicken der verzweifelten Eltern erweichen zu lassen. Dass dieser Flug auch ihn Kopf und Kragen kosten konnte, hatte die Vampire natürlich nicht interessiert.

Weil ihn das Ärgern zu sehr anstrengte, beschloss Gurgel von Hals, seine noch verbliebenen Kräfte zum Nachdenken zu nutzen. Gemächlich rieselten seine Gedanken wie durch das große Stundenglas in der Vampirschule. Menschenkunde war nie sein Lieblingsfach gewesen. Wie hatte es rot auf schwarz im Lehrbuch geheißen? „Meide unbedingt das Tageslicht und die Menschen, beides kann tödlich sein. Bei Kontakt mit dem Feind verhalte dich unauffällig, verbirg dich in hohen Türmen, Gebäuden und Bäumen. Verrate niemals deine wahre Identität und verharre unbeweglich bis zur rettenden Dunkelheit!"

Und was hatte er getan? In treuer Erfüllung seines Auftrags war er zu höchst gefährlicher Zeit losgeflogen, hatte ein leibhaftiges, wenn auch noch nicht ausgewachsenes Exemplar der Gattung Mensch angegriffen, mit ihm gesprochen und ihm im Eifer des Gefechts auch noch seinen Namen verraten. Konnte man noch gründlicher gegen die lebenswichtigen Leitsätze des Lehrbuches verstoßen? Wohl kaum! In einem Anflug echter Verzweiflung fragte sich Gurgel von Hals erschöpft, ob es für eine derart aussichtslose Situation auch einen Lehrsatz im „Auslandsführer der Vampire und vampirähnlichen Geschöpfe“ gab.

„Schnell. Verhänge Tür und Fenster, Licht neckt mich wie junge Gespenster. Trampelt auf Gedanken herum, macht müde und macht schrecklich dumm. Werde dann beim Verweilen ein paar Worte mit dir teilen“, stammelte Gurgel von Hals schließlich mit erstickter Stimme und verbarg sein Gesicht unter dem linken Flügel.

Lisa fand den ermatteten Zustand der Fledermaus bedenklich und kam seiner Bitte sofort nach. Sogar die Rollläden ließ sie bis zur Hälfte herunter.

Doch von alledem merkte Gurgel von Hals nichts mehr. Zunächst ruckartig, so, als wolle er sich mit letzter Kraft gegen den gefürchteten

Schlaf wehren, bald aber völlig entspannt, rollte er auf den Rücken und legte die Flughäute zu beiden Seiten an, wobei der rechte Flügel sich nicht ordnungsgemäß falten ließ. Die stark verlängerten, von den Flughäuten ausgespannten Finger und die kurzen Krallenfüße streckte er senkrecht in die Luft.

Das gleichmäßige Heben und Senken ihres an manchen Stellen orangeroten Bauches verriet dem Mädchen, dass die Fledermaus fest eingeschlafen war – und nicht tot, wie Lisa einen Moment lang befürchtet hatte. Die kleine Sonnenbrille rutschte von der knubbeligen Nase und stieß mit dem rechten Bügel an den Papierkorb. Vorsichtig hob

Lisa sie auf. Das Gestell bestand aus hornähnlichem, federleichtem Material und war mit sehr viel Sachkenntnis angefertigt worden. Statt Gläsern gab es eine hautähnliche Membran.

Lisa ging zum Fenster, zog den Vorhang ein wenig beiseite und hielt die Brille gegen das Licht. Die Haut filterte die Lichtstrahlen fast komplett, sodass alle Umrisse zwar dunkelgrau, aber scharf zu sehen waren.

Knoblauch und Kreuze

Gurgel von Hals schlief bis zum späten Nachmittag. In dieser Zeit verließ Lisa öfter das Zimmer, doch sie schloss nicht mehr ab. Als ihre Eltern anriefen, um ihr mitzuteilen, dass sie wegen eines wichtigen Kunden abends später nach Hause kommen würden, versuchte Lisa sie nicht wie sonst umzustimmen. Auch passte es ausgesprochen gut, dass ihr Bruder montags immer Englisch-Nachhilfestunden nahm und sich anschließend mit seiner Freundin traf. Da er noch nicht lange mit ihr zusammen war, würde auch er nicht vor Anbruch der Dunkelheit aufkreuzen. Sie war also ungestört und konnte ihre unliebsamen Gäste ohne viel Aufsehen wieder loswerden. Vor der Fledermaus hatte sie keine allzu große Angst mehr, aber was sollte sie tun, wenn der Vampir im Schrank nicht nur Appetit auf Meerschweinchen hatte?

Lisa vergewisserte sich, dass sie ihre Kette mit dem kleinen goldenen Kreuz um den Hals trug, denn das Kreuz als Zeichen des Lichts schreckte die Geschöpfe der Nacht bekanntlich ab. In der Küche steckte sie sich zusätzlich noch einige Knoblauchzehen in die Hosentasche und schluckte widerwillig ein paar Löffel kalte Knoblauch-Steaksoße aus dem Glas. Damit hoffte sie ausreichend gegen jede Art von Vampirangriffen gerüstet zu sein. Stan und Olli brachte sie in den kleinen Lagerraum neben der Garage. Dort stellte sie die beiden Meerschweinchen, die sich von ihrem morgendlichen Schock wieder gut erholt hatten, auf

eine Kommode, über der ein antikes Kreuz prangte. Das riesige Kreuz würde mit Sicherheit jeden gierigen Vampir gnadenlos in die Flucht schlagen. Zuletzt legte sie noch ein paar Knoblauchzehen in die Futterschälchen und verteilte etliche Knollen auf dem Käfiggehäuse. Sie versuchte sogar, die Meerschweinchen zu überreden vom Knoblauch zu kosten, aber dazu hatten die beiden keine Lust. Trotzdem war Lisa mit ihrem Werk zufrieden und überließ Stan und Olli beruhigt ihrem Schicksal.

Auf dem kurzen Weg vom Lagerraum zurück ins Haus musste Lisa ständig niesen. Schon seit einer ganzen Weile hatte es verräterisch in ihrer Nase gejuckt. Jetzt begannen auch noch ihre Augen zu tränen und die Lider röteten sich in Sekundenschnelle. Der kräftige, warme Sommerwind wirbelte durch ihre strohblonden, schulterlangen Haare. Mit ihm flogen winzige Gräserpollen durch die Luft, die Lisa, seit sie denken konnte, das Sommerleben gründlich vermiesten. Nur mithilfe von starken Heuschnupfenmedikamenten ließ sich ihr überfordertes Immunsystem einigermaßen beruhigen. An vielen Sommertagen hatte Lisa so starke Beschwerden, dass sie nicht einmal zur Schule gehen konnte.

Niesend und mit verschwollenen Augen rettete sie sich ins Haus zurück. Eilig suchte sie nach ihren Medikamenten und vergaß darüber für einen Moment ihre unheimlichen Gäste. Es dauerte, bis die Nasen- und Augentropfen zu wirken begannen. Schniefend und schnäuzend legte sich Lisa erschöpft auf die Wohnzimmercouch und nickte ein.

Als es wenige Minuten später an der Haustür klingelte, fuhr sie erschrocken hoch. Franziska, ihre beste Freundin, brachte munter schwatzend die Hausaufgaben vorbei. Nur beiläufig erkundigte sie sich nach Lisas Befinden, um dann gleich zum neuesten Schulklatsch überzugehen, bei dem sie eine nicht unwesentliche Rolle spielte. Als sie bemerkte, dass Lisa wieder einmal unter ihrem lästigen Heuschnupfen litt und ihr nicht der Sinn nach grandiosen Pausengeschichten stand, machte sie es kurz. Dann meinte sie: „Übrigens, du hast doch noch diese coole CD von mir. Ich hol sie mir schnell aus deinem Zimmer. Brauchst dich nicht anzustrengen, ich weiß, wo sie liegt!"

Franziska war schon an der Treppe, als Lisa mit einem Satz hinterherhechtete und sie gerade noch am Knöchel erwischte. „Du kannst da jetzt nicht rauf. Ich habe nicht aufgeräumt!“, presste sie hervor und hielt ihre Freundin so eisern am Fuß fest, dass ihre Fingerknöchel weiß hervortraten.

Franziska blickte erstaunt zu Lisa hinunter und löste sich sanft aus der Umklammerung. „Ist ja schon gut, Lissi. Kein Problem, dass du deine penible Bude nicht so exakt wie sonst aufgeräumt hast, solltest mal mein Zimmer sehen“, antwortete sie in beschwichtigendem Ton, als würde sie mit einem Kleinkind sprechen. Sie fragte sich, ob Lisas seltsame Reaktion vielleicht eine Nebenwirkung der vielen Sprays und Tropfen war. „Kannst mir das Ding ja morgen in die Schule mitbringen. Der Wetterbericht meldet jedenfalls wieder Gewitter und starke Abkühlung – genau dein Wetter, nicht wahr?“, kicherte Franziska etwas verlegen und beschloss sich schnell aus dem Staub zu machen. Lisa war ihr heute entschieden zu merkwürdig.

Erleichtert über den hastigen Rückzug ihrer Freundin blieb Lisa noch einen Moment in der Haustür stehen. Besorgt blickte sie zum Himmel. Der Wind hatte an Stärke zugenommen und in der Ferne leuchteten orangerote Gewitterwolken, die rasch näher zogen. Hoffentlich verläuft heute

Abend alles nach Plan, dachte sie seufzend. Als es wieder in ihrer Nase zu kribbeln begann, kehrte sie schnell ins Haus zurück.

Geschichten aus einer fremden Welt

Nachdem Lisa alle Fenster geschlossen hatte, schlich sie auf Zehenspitzen in ihr Zimmer, setzte sich dicht vor den Schreibtisch und betrachtete die schlafende Fledermaus. Sie zuckte ab und zu mit dem Mund und entblößte dabei ihre scharfen Zähne. Niedlich und gefährlich zugleich sah sie aus. Deutlich konnte Lisa einen ungefähr drei Zentimeter langen Riss an der rechten Flügelhaut erkennen. Sie überlegte, wie sich diese Haut wohl anfühlte. Ledern und rau, wie sie vermutete, oder doch eher seidig und glatt? Auch das dichte, hellbraune, an manchen Stellen orangefarbene Fell an der Bauchseite erregte ihr Interesse.

Langsam streckte sie die Hand aus und strich ganz vorsichtig über den verletzten Flügel, der ein wenig mehr gespreizt war als der andere. Sie war überrascht, als sie feststellte, dass die Haut zwar sehr robust war, sich aber gleichzeitig fein und seidig anfühlte. Mutig geworden, berührte sie behutsam das Bauchfell.

„Gar üble Taten werden von grausigem Gestank verraten!“, fuhr Gurgel von Hals wie von der Tarantel gestochen hoch.

Lisa erschrak so sehr über diese unvermutete Reaktion, dass sie beim Zurückweichen den Papierkorb umstieß und mit dem Kopf an die Schreibtischplatte schlug. Ihr Herz klopfte bis zum Hals. „Ich wollte doch nur …“, stammelte sie verlegen und verärgert zugleich. Die Fledermaus hatte sie fast zu Tode erschreckt.

„Du wolltest mir an den Kragen, mich feige im Schlaf erschlagen! Du brichst dein Wort und denkst an Mord!“, knurrte Gurgel von Hals bedrohlich und freute sich, dass er wieder Herr seiner Gedanken war.

„Ach Quatsch, ich wollte nur wissen …“, wehrte Lisa ab und schüttelte den Kopf. Ihre Erklärung würde dieses sprechende Biest sowieso nicht kapieren. „Hier ist deine komische Sonnenbrille. Die ist dir runtergefallen. Außerdem habe ich gesehen, dass dein Flügel einen Riss hat. Ich wollte dir absolut nichts tun, obwohl das vielleicht besser gewesen wäre“, erklärte Lisa und bemühte sich, möglichst gelassen zu klingen.

„Ich spüre den trägen Atem des Lichts, bald wird es wieder verschwinden im Nichts. Die Schatten der anderen Zeit machen sich nun schon bereit. Mit Freude will ich sie erwarten, und wenn du mich hast verraten, werde ich trotz des Gestanks dich beißen und im Seufzerwald willkommen heißen!“ Gurgel von Hals hielt Lisas Augen mit einem durchdringenden Blick fest. Um seinen Worten noch größeren Nachdruck zu verleihen, grinste er und entblößte dabei sein komplettes, messerscharfes Gebiss. Es bereitete ihm durchaus ein gewisses Vergnügen, diesen halbwüchsigen, schlecht riechenden Feind einzuschüchtern.

Seine Worte verfehlten nicht ihre Wirkung: Lisa blickte sich hilfesuchend nach ihrem stabilen Schirm um.

„Das mit dem Beißen wirst du schön bleiben lassen!“, antwortete sie mit fester Stimme, während sie den Schirm beiläufig mit dem Fuß näher zu sich heranzog. „Wir haben eine klare Abmachung oder hast du die schon wieder vergessen?“

Gurgel von Hals knurrte. Nur ungern erinnerte er sich an das unselige Versprechen, das Menschenkind nicht mehr anzugreifen, das er Lisa in einer schwachen Minute gegeben hatte. Doch die unantastbaren Gesetze des Seufzerwaldes galten überall, selbst hier im Feindesland. An ein gegebenes Wort war er bis zu dessen Erfüllung gebunden. Niemals hatte einer aus dem ehrbaren Geschlecht von Hals diesen Ehrenkodex gebrochen. Übel wäre es ihm ergangen, wie allen ruchlosen Verrätern des Seufzerwaldes und der Unterstadt. Jedem Gesetzesbrecher wurde erbarmungslos vom „Ersten Schlag“ der Prozess gemacht, wobei oft genug die Höchststrafe verhängt wurde: Ihrer Vampirkräfte entledigt, verbannte man die Übeltäter in die Menschenwelt, wo sie bei Dunkelheit jämmerlich umherirrten, bis sie ein meist gewaltsames Ende fanden.

Einige dieser Verräter aber wählten einen anderen Weg. Sie gaben den letzten Funken ihres Vampirstolzes auf und passten sich den menschlichen Gewohnheiten an. Sie ruhten während der Dunkelheit und wurden tagaktiv, obwohl sie dabei unermessliche Qualen ertragen mussten. Sie verbargen ihre Herkunft, indem sie ihre Fangzähne abschliffen und arglose Menschen heirateten. Von Besessenheit und Ehrgeiz getrieben, verbrachten sie bis zu ihrem qualvollen Tod ein rastloses irdisches Leben mit allerlei Handel und Geschäften.

Die Nachfahren jener verbannten und ehrlosen Vampire fristeten ein ebenso unglückliches Dasein. Nicht Mensch, nicht Vampir befanden sie sich ständig in Konflikt mit dem fremden Blut in ihren Adern. Hin und her gerissen zwischen zwei widerstreitenden Seelen in ihrer Brust, wurden viele von ihnen schließlich zu gefürchteten Vampirjägern, sogenannten Greifern. Immer auf der quälenden Suche nach den Spuren ihrer eigenen Herkunft, schafften es einige sogar bis an die Grenzen des Seufzerwaldes. Dort töteten sie ihre verhassten Verwandten so lange, bis ihnen selbst ein Ende bereitet wurde.

Das Thema Vampirjäger wurde auch bei der Ausbildung zur Rettungsfledermaus gründlich behandelt, denn alle paar Jahrzehnte erwischte ein Greifer eine Rettungskraft. Gurgel von Hals vermutete, dass auch etliche der nicht mehr aufgefundenen Urlaubsgäste in der Menschenwelt jenen grausamen Greifern zum Opfer gefallen waren. In den Reiseprospekten wurde auf diese Gefahr nur im Kleingedruckten hingewiesen, schließlich wollte man sich nicht das Geschäft verderben. Die erfahrene Rettungsfledermaus aber wusste besser Bescheid und blieb bei ihren Einsätzen stets wachsam.

Gurgel von Hals hielt sich eisern an die Gesetze seines Landes. Niemals würde er ein gegebenes Wort brechen, nicht einmal einem Menschen gegenüber. Und ein wenig neugierig war er auch. Die Lebensgewohnheiten der einstigen Hauptnahrungsquelle seiner Vorfahren interessierten ihn brennend, vermutlich genauso, wie das Mädchen die seinen. „Erzählst du mir, erzähl ich dir! Bis zur geliebten Dunkelheit bleibt dafür noch genügend Zeit“, zeigte er sich versöhnlich und streckte mit einem wohlwollenden Lächeln seine Flughäute.

„Genügend Zeit für Ratsch und Tratsch – und weh dir, du erzählst mir Quatsch!“, griff Lisa Gurgels Reim auf und musste angesichts der leicht verblüfften Fledermaus grinsen.

Den restlichen Nachmittag verbrachten sie damit, mehr von der Welt des anderen zu erfahren. Gurgel von Hals reimte ohne Ende. Lisa fand das mal nervend, mal amüsant, gewöhnte sich schließlich daran und ertappte sich dabei, dass auch sie immer öfter in Reimform antwortete. Das wiederum gefiel der dichtenden Fledermaus außerordentlich und sie verriet viel mehr, als sie ursprünglich vorgehabt hatte. Gelegentlich übertrieb Gurgel auch ein wenig, vor allem, wenn er sich so richtig in Fahrt reimte. Im Gegenzug erfuhr er von den seltsamen Gewohnheiten heranwachsender und ausgewachsener Exemplare des Homo sapiens. Die beiden unterhielten sich so angeregt, dass sich die gegenseitigen Erklärungen und Fragen oft überschlugen. Lachend hielten sie dann inne, um sich aussprechen zu lassen.

So erfuhr Lisa von dem riesigen Seufzerwald und seinen vielen unheimlichen Bewohnern.

Atemlos lauschte sie den Begebenheiten in der unterirdischen Stadt der Vampire und der Beschreibung der Vampirjäger. Dass Vampire in der Menschenwelt Urlaub machten und in geführten Gruppen nachts die Menschen bei Sommerfesten und anderen Veranstaltungen mit Ferngläsern beobachteten, als wären sie gefährliche, exotische Tiere, jagte ihr einen Schauer über den Rücken. Erstaunt und erleichtert hörte sie, dass im ganzen Vampirstaat Menschen als unbedingt zu meidende Wesen angesehen wurden, da ihr Blut als gesundheitsschädigend galt.

Sie redeten, bis die ersten dumpfen Donner das anstehende Gewitter ankündigten. Lisa eilte zum Fenster und zog das Rollo hoch. Sofort griff Gurgel von Hals nach seiner Sonnenbrille. Doch der Himmel war grau, die Wolkenfront drohend schwarz. Der Wind bog die jungen Weiden im Garten und hatte bereits einige Keramiktöpfe auf der Terrasse umgeworfen.

„Ich bringe schnell die Blumen in Sicherheit, bin gleich wieder hier!“, rief Lisa und eilte nach unten.

Die Luft war drückend schwül. Schnell trug sie die Töpfe in den Wintergarten. Kaum hatte sie die Glastür fest verschlossen, klingelte das Telefon. Ihre Mutter bat sie aufzuräumen, ein paar Steaks in der Mikrowelle aufzutauen und einen Salat vorzubereiten, da der von fern angereiste wichtige Kunde nicht auswärts essen mochte. So hatten ihre Eltern ihn nach Hause eingeladen, um dort in entspannter familiärer Atmosphäre den Geschäftsabschluss zu feiern.

Lisa war darüber nicht sehr glücklich, denn diese Neuigkeit konnte eine empfindliche Störung ihrer Pläne bedeuten. Verärgert rückte sie die Sofakissen zurecht und stellte die Esszimmerstühle gerade, als sie ein verdächtiges Schwirren hinter sich hörte.

Und tatsächlich: Gurgel von Hals kam schwerfällig die Treppe heruntergeflogen, trudelte wie ein defekter Hubschrauber um die Wohnzimmerlampe und stürzte schließlich mit dem Kopf voran in den dicken Hirtenteppich vor dem Kamin.

„Kleine Probleme mit dem Fliegen, aber Gurgel wird schon siegen. Muss nur den Riss hier schnell verschließen, kann dann den Flug wieder genießen“, seufzte er ein wenig benommen und versuchte sich aus den dichten, langen Wollfasern zu befreien.

„Hast du dich verletzt?“ Lisa beugte sich besorgt über die Fledermaus und streifte sie dabei unabsichtlich mit den Haaren.

„Nein, bis jetzt ging es mir toll, doch nun ist die Nase wieder voll! Hatschi!“

Schon kämpfte Gurgel von Hals wieder mit Niesanfällen und Lisa beeilte sich, ihr Spray zu holen. Diesmal fürchtete er sich nicht mehr und ließ es sich gefallen, dass ihm das Mädchen die bittere Medizin in sein Maul sprühte. Es war schon seltsam, dass die beiden, so verschieden sie waren, eine Gemeinsamkeit hatten, die zwar nicht angenehm war, aber für gegenseitiges Verständnis sorgte.

Wenig später saß Gurgel entspannt auf der Couch. Lisa suchte nach einem geeigneten Material, um seinen Flügel zu verarzten. Ein starkes, mit Tesafilm isoliertes Heftpflaster erwies sich schließlich als ideale Lösung. Glücklich und ausgelassen kreiste Gurgel nun durch das ganze Haus und testete seine zurückgewonnene Flugkraft.

Achtung: Vampirjäger!

Lisa hantierte in der Zwischenzeit in der Küche herum und bereitete die tiefgefrorenen Steaks vor. Bald leistete ihr Gurgel von Hals Gesellschaft und setzte sich auf den Kühlschrank. Zufrieden registrierte er beim Blick aus dem Fenster die einsetzende Dämmerung. Diesmal war die Zeit auf seiner Seite.

Als Lisa die Kühlschranktür öffnete, beugte er sich neugierig hinunter. Säuberlich getrennt standen Magermilchjoghurts, Diätbutter, kalorienarmer Käse und fettreduzierte Wurst neben deftigem Schinken, fetter Leberwurst, Sahnejoghurts und Schokopuddings. Er runzelte die Stirn. „Was esst ihr Menschen für tote Sachen? Ha, da kann Gurgel wirklich nur lachen. Braucht muntere

Fliegen und Krabbeltier, aber nichts von alledem gibt es hier!"

„Hey, was hältst du davon?", fragte Lisa lachend und hielt ihm das geöffnete Glas mit Knoblauchsoße unter die Nase.

Entsetzt wich Gurgel von Hals zurück. „Pfui, welch entsetzlicher Gestank, macht Vampire und Fledermäuse krank!"

„Ja, das habe ich mir fast gedacht!", erwiderte Lisa und schüttete den Inhalt des Glases in einen Kochtopf.

Von da an war Gurgel, wie Lisa ihn seit ihrem aufschlussreichen Gespräch nennen durfte, etwas vorsichtiger und beobachtete sie nur noch aus angemessener Entfernung. Er sah zu, wie das ungesund rosig aussehende Mädchen den Tisch deckte, aus verschiedenen übel riechenden Zutaten eine Soße kochte und damit stinkende, tote Fleischstücke würzte.

Irgendwann hatte er genug und flog wieder durchs Haus. Entzückt fand er die eine oder andere Fliege. Mit Genuss verspeiste er fünf leckere Käfer, entdeckte ein paar Silberfischchen und sogar Ameisen in einem der Blumentöpfe. Als er dann auch noch einen verirrten Tausendfüßler fand, bedauerte er nur, dass dieses Insekt nicht wirklich tausend Füßchen hatte. Zufrieden fing er an zu trällern:

„Käfer knackig, klein und groß,
Spinnentiere, ganz famos,
Würmchen, kommt nur rasch herbei,
zu einer Riesenschlemmerei!
Netter Krabbler, kleine Laus,
leider ist's mit euch bald aus!
Werd euch alle haschen
und mit Genuss vernaschen!"

Als er satt und zufrieden aus dem Fenster blinzelte, sah er einen großen Wagen vorfahren. Neugierig beobachtete er, wie Herr und Frau Kaltenthal, die er nach Lisas Beschreibung sofort erkannte, ausstiegen. Ihnen folgte ein großes, ganz in Weiß gekleidetes Exemplar der Gattung Mensch, das sich sofort interessiert nach allen Seiten umblickte. Das musste der wichtige Kunde sein. Die seltsamen Menschen lachten und scherzten, während sie sich langsam dem Haus näherten. Gurgel starrte aus dem Fenster und fand dieses Verhalten so albern wie das Herumtollen der jungen Gespensterkinder im Seufzerwald. Kopfschüttelnd beobachtete er weiter, wie der Wind den locker um den Hals gebundenen Schal des hageren Gastes erfasste und davonwirbelte. Ungeschickt jagten ihm die Menschen hinterher, bis eine Windböe den Schal an die Terrassentür presste. Dort konnte ihn der Gast fassen. Dabei fiel sein Blick durch das Fenster – und Gurgel von Hals durchzuckte ein heftiger Schreck. Ein Laut des Entsetzens entrang sich seiner Kehle und ihm wurde schwindlig.

In diesem Moment war Lisa auch schon neben ihm. „Hey, das sind nur meine Eltern mit ihrem ach so wichtigen Kunden. Vor denen brauchst du dich doch nicht zu erschrecken", erklärte sie, verwundert über Gurgels heftige Reaktion.

„Wichtiger Kunde?", schrie dieser voll Entsetzen und vergaß für einen Moment sogar das Reimen. „Das ist ein Greifer, ein Jäger unserer Art, entsetzlich dieser Verrat!"

„Ich glaube, unsere Luft bekommt dir wirklich nicht gut. Dieser Mann ist nur ein wichtiger Kunde, glaub mir", versuchte Lisa Gurgel von Hals zu beruhigen. Doch als sie die unglaubliche Angst in Gurgels Augen sah, wurde sie unsicher.

Im gleichen Augenblick hörte sie auch schon die ausgelassenen Stimmen im Flur. Gurgel flog wie eine Rakete in Lisas Zimmer zurück. Sie eilte ihm nach und verschloss vorsichtshalber die Tür.

Dann ging sie nach unten, um ihren Eltern und dem Gast Gesellschaft zu leisten. Solche Geschäftsessen fanden häufiger statt und alles funktionierte nach einem gut eingespielten Plan. So auch heute: Lisas Mutter zog sich schnell um und quetschte sich in ihr rotes, eng anliegendes Kleid, das sie meist trug, wenn der Kunde ein Mann war. Ihr Vater unterhielt sich unterdessen mit dem Gast im Wohnzimmer und bot ihm seine teuren Zigarren an, während Lisa in Windeseile die Steaks auf den Grill legte und die tiefgefrorenen Kartoffelplätzchen in den Ofen schob.

Die Mutter erschien schließlich strahlend im Wohnzimmer und schlug dem Vater vor nachzusehen, ob er noch diesen vorzüglichen alten Wein im Keller habe – den für ganz besondere Anlässe, wie sie augenzwinkernd bemerkte. Lisas Vater nahm den Gast natürlich mit und konnte ihn so gleich mit seinem gut gefüllten Weinkeller beeindrucken. Ihre Mutter stand währenddessen mit knurrendem Magen vor dem Kühlschrank und überlegte fieberhaft, ob sie noch ein Dessert zubereiten sollte. Wie immer entschloss sie sich dann für frische Früchte der Saison mit selbst gemachter Schokosoße, die sie selbstverständlich bei Tisch verschmähte – und von der sie erst später, mitten in der Nacht, heimlich naschte. Das wiederum verschlechterte ihre Laune am folgenden Tag und erhöhte die Anzahl der Karotten. So oder so ähnlich verliefen die Geschäftsessen in angenehmer familiärer Atmosphäre.

Die betuchten Kunden waren meist erfahrene Antiquitätensammler, manche von ihnen schon sehr nah am Verfallsdatum, wie Lisa des Öfteren feststellte, aber meist ganz freundlich.

Diesmal aber wurde Lisa misstrauisch, als der wichtige Kunde auf einem sehr blutigen Steak bestand, die Knoblauchsoße, ein beliebtes Familienrezept, zum Erstaunen aller ablehnte und ausgerechnet eine Allergie vorschützte. Lisa hatte einen feinen inneren Draht zu allen Leidensgenossen. Dieser hier gehörte nicht dazu, da war sie sich sicher. Außerdem wirkte er sehr unruhig, was nicht allein an Mutters Kleid liegen konnte.

„Ach, Lisa, du hast mich doch heute früh gefragt, was ich täte, wenn ich einen Vampir im Schrank entdecken würde“, wandte sich ihre Mutter plötzlich an sie. „Du wirst es nicht glauben, mein Schatz, aber unser netter Herr Servatius Pflocker hätte dir weiterhelfen können. Er ist ein leidenschaftlicher Sammler von Amuletten gegen Vampirismus!“

„Die junge Dame hat Probleme mit Vampiren?“, fragte Herr Pflocker höflich und lächelte amüsiert. Doch Lisa war das seltsame Flackern in seinem Blick nicht entgangen. Außerdem hatte sie beunruhigt bemerkt, dass Servatius Pflockers Hände beim Erwähnen seiner Sammelleidenschaft zitterten und er sie verlegen unter dem Tisch verbarg.

Wie Schuppen fiel es Lisa plötzlich von den Augen: Knoblauchallergie, blutige Steaks, Amulette gegen Vampire – hatte Gurgel mit seinem Verdacht tatsächlich recht? Nur mit viel Mühe gelang es Lisa, ihren Schrecken zu verbergen. Aber bestens geübt in leichter Konversation, redete sie sich geschickt aus der heiklen Situation heraus und lenkte das Gespräch auf ein anderes Thema.

Nach einer angemessenen Zeit bei Tisch, die ihr wie eine Ewigkeit vorkam, schützte Lisa Müdigkeit vor und verabschiedete sich höflich, ohne jedoch wie sonst üblich dem Gast die Hand zu reichen. Ihr nervöser Händedruck hätte sie sicher verraten.

Blutzella erwacht

Zitternd wie Espenlaub fand Lisa die Fledermaus in ihrem Zimmer vor. Ängstlich hatte Gurgel sich unter dem Bett versteckt und es dauerte eine Weile, bis er verstand, dass Lisa gekommen war und nicht der vermeintliche Greifer. Lisa konnte Gurgels Angst nun besser verstehen, obwohl es ihr noch immer schwerfiel zu glauben, dass ausgerechnet ihre Eltern einen echten Vampirjäger ins Haus geschleppt hatten. Dennoch war sie sofort mit Gurgels Vorschlag einverstanden, das Vampirmädchen im Schrank aufzuwecken, damit die beiden Gäste trotz des Gewitters schnellstmöglich in den Seufzerwald zurückkehren konnten.

Blutzella fühlte, wie jemand an ihr herumzerrte, lange bevor sie sich bewegen konnte. Sie hörte fremde, aufgeregte Stimmen, doch den Sinn der Worte konnte sie nicht erfassen. Es dauerte eine Weile, bis die Starre aus ihren Gliedern wich. Wo war sie nur und wer wagte es, sie vor ihrer Zeit aufzuwecken?

Sobald das Blut wieder schneller und wärmer durch ihre Adern strömte, wurde aus der vagen Erinnerung an die letzte Nacht schreckliche Gewissheit: Sie hatte sich in der Menschenwelt verirrt und ihren Mantel zerrissen. Das schlafende Mädchen hatte sie sicher entdeckt und Hilfe geholt. Was sollte sie nur tun? Sich einfach tot stellen, um bei günstiger Gelegenheit zu fliehen? Blutzella wurde schwindlig bei dem Gedanken, gefangen zu sein, und sie spürte, wie Angst ihre Glieder erneut zu lähmen begann.

Doch plötzlich fiel ihr auf, dass eine der Stimmen nicht menschlich hell und schrill klang. Was rief sie nur die ganze Zeit? „Erwache endlich, junger Vampir, sonst bleibst du nämlich hier! Tödliche Gefahr lauert im Haus, bald ist es einfach mit uns aus! Der Seufzerwald ist weit, schnell, mach dich bereit!"

Der Seufzerwald! Das Vampirmädchen rieb sich die Augen. Ihre feinen, beweglichen Ohren schmerzten, als sie den lauten Donner hörte, der gerade noch als zartes Rauschen in ihr Bewusstsein gedrungen war. Der aufdringliche Schein der grellen Blitze drang in ihr Versteck vor. Gab es schon wieder ein Gewitter in dieser schrecklichen Welt?

„Munter ist das schöne Kind, lass uns fliegen ganz geschwind! Gefahr ist fern und auch sehr nah, ein Glück für dich, dass ich bin da! Bring dich zurück zu deinem Clan, haben zu viel Zeit hier schon vertan. Mach ganz schnell nun dich bereit, der Flug ist voll Gefahr und weit!"

Der Anblick der seltsam sprechenden Fledermaus ernüchterte Blutzella. Sie hatte sich eine andere Hilfe erhofft als die eines kleinen, unbedeutenden Flattertiers. Als es aber plötzlich einen winzigen, roten Krallenfuß entblößte, der unter dem dichten Fell in die Haut eingeritzt war, staunte Blutzella. Sie kannte dieses Zeichen, jeder in der unterirdischen Stadt kannte es.

Erst vor Kurzem hatte der „Blut-Anzeiger" von einer spektakulären Rettungsaktion berichtet, bei der ein wichtiges Mitglied des „Ersten Schlages" von den geschickten Rettungsfledermäusen aus dem lebenden Felsen des Kreuzgebirges befreit worden war. Es war das Gesprächsthema in der ganzen Stadt gewesen. Und nun hatte man eine dieser unerschrockenen Fledermäuse ausgesandt, um sie zu retten. Unglaublich!

Obwohl der Gedanke an die Folgen ihres unerlaubten Ausflugs unangenehm war, wünschte sich Blutzella nichts sehnlicher, als sofort in den Seufzerwald zurückzukehren und ihre Familie in die Arme zu schließen. Ja, es war gefährlich hier in der Menschenwelt, viel zu gefährlich für Vampire.

Noch unfähig zu sprechen, nickte sie der Fledermaus freundlich zu und ließ ihren Blick eine Weile durch das schwach erleuchtete Zimmer

schweifen. Die kleine Lampe auf dem Nachtkästchen erhellte nur undeutlich das Antlitz des Mädchens, das beim Morgengrauen geschlafen hatte, nun aber hellwach in der Nähe der Tür stand und sie mit weit aufgerissenen Augen anstarrte.

„Zwar nur ein Mensch, doch verschwiegen und recht. Sie hat uns geholfen, also denke nicht schlecht“, bemerkte Gurgel von Hals, der ihrem Blick gefolgt war.

Blutzella dehnte sich kurz und kroch dann mit der Geschmeidigkeit einer Katze aus dem Schrank. Gespenstisch zuckten die Blitze durch das Fenster und warfen unheimliche Schatten. Mit einem Satz sprang das Vampirmädchen ganz dicht vor Lisa, die ein wenig größer war als sie, selbst dann noch, als sie sich nach der nächtlichen Starre nun vollkommen gestreckt und gedehnt hatte. Blutzella fühlte die menschliche Wärme, die eine andere war als die ihre. Sie schnupperte den eigenartigen Geruch, der eine sehr unangenehme Substanz enthielt, deren Name ihr aber entfallen war. Unverwandt sah sie dem Mädchen in die merkwürdig hellen Augen, durchbohrte sie fast mit ihren Blicken, so, als könne sie in sie hineinsehen und herausfinden, was es mit dieser Art von

Wesen, die nicht einmal fliegen konnten, auf sich hatte.

Lisa wurde ganz anders zumute, aber tapfer hielt sie der durchdringenden Musterung stand.

„Jetzt reicht es! So starrt man keine Leute an!", beendete sie schließlich das ungleiche Kräftemessen und wandte den Blick ab.

„Tss, tss!", machte Blutzella und lächelte spöttisch. Dann drehte sie sich zu Gurgel von Hals

um. „Ich bin Blutzella von Dracos, die jüngste Tochter von Morastus von Dracos, Mitglied des Zweiten Schlages, und Vendita von Gruftel, Mitglied der dunklen Webkunst. Ich bin meinen Eltern hinterhergeflogen und habe während eines Gewitters die Orientierung verloren. Das Wetter hier ist sehr tückisch. Es tut mir leid, dass ich so viele Umstände bereite, aber ich bin froh, dass du gekommen bist."

Die dunkle und schneidend scharfe Stimme des Vampirmädchens ließ Lisa aufhorchen, ebenso wie die eindrucksvollen Titel ihrer Eltern. Sie überlegte, wie ihre Vorstellung auf Vampirart wohl lauten würde: Lisa, zweites Kind von Andreas Kaltenthal, Mitglied im Schwimmverein, und Monika Kaltenthal, geborene Schmidt, Mitglied im Obst- und Gartenbauverein …

„Ein Gewitter ist nichts gegen das, was hier im Haus auf uns lauert. Ein Greifer wird uns töten, wenn es noch länger dauert! Hat er erst die Witterung aufgenommen, gibt es für uns wohl kein Entkommen. Mach schnell und folge mir, ich bring dich weg von hier!", antwortete Gurgel von Hals und zeigte mit dem rechten Flügel zum Fenster hinaus.

Das Unwetter tobte mit aller Gewalt und die grellen Blitze schmerzten immer stärker in Blutzellas empfindlichen Augen. Sie erschrak ein wenig über die heftige Reaktion der Fledermaus. Vampirjäger gab es schließlich nicht wirklich, das waren doch nur Ammenmärchen, mit denen man übermütige Vampirkinder erschrecken konnte! Wollte die Fledermaus sie auf diese Weise zur Eile antreiben?

Da fiel ihr der zerfetzte Mantel ein. „Ich habe mir leider meinen Umhang zerrissen!“, warf sie in die gespenstische Stille, die herrschte, als Blitz und Donner einen kurzen Waffenstillstand schlossen. Fasziniert starrte Lisa auf den pechschwarzen, fast zweigeteilten Vampirmantel, unter dem Blutzella eine lange dunkelgraue Rüschenbluse trug und eine etwas hellere, schmale Hose, die an den Fußsäumen ebenfalls gerüscht war. Sie hatte keine Schuhe an und ihre Füße und Zehen wirkten sehr zierlich, fast durchscheinend im matten Licht der Nachttischlampe.

„Oh nein, jetzt ist alles aus! Wir kommen nicht mehr lebend raus!“, jammerte Gurgel von Hals entsetzt und klappte mit einem knarrenden Geräusch seine startbereiten Flügel wieder ein.

„Ich brauche nur Flickzeug, dann ist er wieder funktionsfähig“, antwortete Blutzella leichthin, während die Rettungsfledermaus aufgeregt auf dem Boden hin und her hüpfte.

„Ich brauche eine Nadel und einen schwarzen Faden“, wandte sich das Vampirmädchen an Lisa und fixierte sie mit ihren leicht schräg gestellten Augen.

„Schw-schwarzer Faden und Nadel?“, stotterte Lisa.

„Eigentlich habe ich für Notfälle immer Flickzeug dabei, aber ausgerechnet dieses Mal habe ich es vergessen. Habt ihr so etwas in eurer … Behausung?“, fragte Blutzella und fuhr sich mit den Händen durch ihre dichte, grauschwarze Mähne, die struppig vom Kopf abstand.

Atemlos starrte Lisa auf die schmalen Hände mit den scharfen, spitzen Krallen. „Wir haben ganz normales Nähzeug und ganz normalen schwarzen Faden, wenn du das meinst“, antwortete sie verwirrt und konnte den Blick kaum von dem unheimlichen Vampirmädchen wenden, das sich im Zimmer umsah.

„Ja, das meine ich. Besorge mir das schnell. Und noch ein paar von den kleinen Leckerbissen, die ich heute Morgen in deinem Zimmer fand. Eigentlich müsste ich noch satt sein, so fett wie sie waren, aber mein Magen knurrt, als hätte ich seit Tagen nichts gegessen!", befahl Blutzella herablassend, als spräche sie mit einem Dienstboten, und wandte sich im gleichen Augenblick wieder Gurgel von Hals zu.

Angestrengt überlegte Lisa, welche Leckerbissen das Vampirmädchen wohl meinte – bis ihr plötzlich ein Licht aufging. Ein Glück, dass Stan und Olli in Sicherheit waren!

„Wir haben noch Blutwurst und Leberkäse im Kühlschrank", schlug sie hastig vor, doch Blutzella schenkte ihr keinen Blick mehr. Sie unterhielt sich mit Gurgel, der sie leise und eindringlich über die Gefährlichkeit des Vampirjägers aufzuklären versuchte.

„Beeile dich, Lisa, und nimm dich in Acht, denn der Jäger besitzt unheimliche Macht", unterbrach Gurgel kurz seine Ausführungen und nickte Lisa zu.

Menschliche Hilfe

Schnell verließ das Mädchen das Zimmer. Gleich darauf hörten die beiden Wesen aus dem Seufzerwald, wie der Schlüssel im Schloss herumgedreht wurde.

„Ein Mensch und doch kein Feind will uns schützen, hoffentlich wird der Jäger sie nicht für seinen Plan benützen!“ Gurgel von Hals seufzte und Blutzella machte sich angesichts der geschilderten Bedrohung nun doch Gedanken.

„Ich hoffe, du hast recht und dieses Menschenwesen ist wirklich hilfsbereit, sonst werde ich vielleicht meine Familie nie mehr wiedersehen“, sagte sie leise und senkte den Blick.

„Hilfsbereit sicher, aber auch geschickt? Doch verzage nicht, sei nicht geknickt. Die Nacht ist unsere Zeit, und unsere Verbündete die Dunkelheit!“, bemühte sich Gurgel Blutzella zu beruhigen und hoffte inständig, sie würde nicht anfangen zu weinen.

Doch das Vampirmädchen aus dem Seufzerwald kauerte sich auf dem Boden nieder und hielt sich die Ohren zu, um die erbitterte Schlacht, die sich Blitz und Donner lieferten, nicht hören zu müssen. Ihre ganze Zuversicht ruhte auf der Anwesenheit der Rettungsfledermaus – und sie wäre sicher sehr erschrocken gewesen, hätte sie geahnt, dass diese ihre Hoffnung einzig und allein auf Lisa setzte.

Gurgel wusste genau, dass die Chancen auf ein Entkommen ohne die Hilfe des Menschenmädchens denkbar schlecht standen. Aber warum Lisa ihnen half und sie nicht schon längst verraten hatte, verstand die Fledermaus beim besten Willen nicht.

Lisa hatte keine Zeit nachzudenken, als sie im Dunkeln die Treppe nach unten schlich. Grelle Blitze zuckten durch das große Bullaugenfenster im Hausaufgang und erhellten für einen Augenblick den Schatten einer Gestalt am Treppenabsatz. Jäh hielt Lisa inne und unterdrückte mühsam einen Schrei. Suchte der Vampirjäger schon nach seinen Opfern? Kalter Schweiß brach ihr aus allen Poren und sie begann zu zittern.

„Hey, Lissi, bist du das?“, flüsterte die Gestalt.

„Mensch, du hast mich fast zu Tode erschreckt! Wieso schleichst du hier im Dunkeln herum?“, zischte Lisa scharf und ließ sich ihre Erleichterung nicht anmerken, als sie ihren Bruder Sven erkannte.

„Das Gleiche könnte ich dich auch fragen, Schwesterherz. Habe dich heute nicht in der Schule gesehen“, flüsterte er mit schwerer Zunge und trat neben Lisa.

„Ich hatte Heuschnupfen. Und wie lief es bei dir so?“, fragte Lisa zurück und schnupperte, als ihr eine gewaltige Bierfahne entgegenwehte. Kein Wunder, dass er den Eltern nicht begegnen wollte. Sie überlegte, ob sie Sven in die ganze seltsame Geschichte einweihen sollte. Aber als ein zuckender Blitz erneut die Treppe in gleißendes Licht tauchte und sie sah, dass ihr großer Bruder von oben bis unten tropfte, sein T-Shirt verkehrt herum trug und einen etwas dusseligen Gesichtsausdruck hatte, ließ sie es bleiben. War wirklich besser, wenn ihn in dem Zustand niemand zu Gesicht bekam. Kein Vampir würde ihn so ernst nehmen, das fiel einem ja schon schwer, wenn er sich in nüchternem und nicht verliebtem Zustand befand.

Leises Stimmengewirr drang aus dem Wohnzimmer, während sich Lisa, ohne Licht zu machen, in die kleine Abstellkammer neben der Küche schlich, um den Nähkasten zu holen. Mit sicherer Hand griff sie nach dem klotzigen Erbstück von

Oma. Gerade als sie wieder durch die Küche in den Flur schlüpfen wollte, sah sie einen Schatten durch den von einem weiteren Blitz erleuchteten Flur huschen. Sofort wich sie in die Abstellkammer zurück und drückte sich, den Nähkasten fest im Arm, hinter die schmale Tür. Sie wagte kaum zu atmen und spürte deutlich, dass jemand in der Nähe war. Jemand, der auch nicht gesehen und gehört werden wollte. Jemand, der hastig atmete, leise vor sich hinfluchte und immer näher kam. Lisa hielt die Luft an.

„Herr Pflocker, finden Sie sich zurecht?" Das war ihr Vater.

In der Küche ging das Licht an, Gläser wurden in die Spüle gestellt.

„Das Bad ist rechts um die Ecke! Herr Pflocker?" Die Schritte des Vaters kamen näher, während sich die anderen, leisen Schritte schnell entfernten.

„Ach, da sind Sie ja, mein Lieber. Wir haben uns überlegt, ob es nicht besser wäre, wenn Sie heute bei uns übernachten. Es ist schon sehr spät und das Wetter ist wirklich übel. Im oberen Stockwerk befindet sich ein gemütlich eingerichtetes Gästezimmer, das Ihnen sicher besser gefallen wird als ein unpersönliches Hotelzimmer."

Lisa lugte durch das Schlüsselloch und sah, wie ihr Vater den Arm um diesen schrecklichen Mann legte und ihm vorschlug, noch einmal in den Keller zu gehen. Widerstrebend stimmte der Vampirjäger zu. Wenig später hörte sie die Kellertür ins Schloss fallen und lief schnell mit dem Nähkasten zur Treppe.

Sie stutzte, denn der Aufgang war hell erleuchtet und die Tür des Gästezimmers stand offen. Als sich Lisa vorbeischleichen wollte, lief sie ihrer Mutter direkt in die Arme.

„Ich habe bei dir geklopft, weil ich mir deine Nachttischlampe ausborgen wollte. Die im Gästezimmer ist kaputt. Wieso hast du abgeschlossen und warum geisterst du mit dem Nähkasten durchs Haus?" Ihre Mutter musterte sie eindringlich. Sie wirkte sichtlich erschöpft, der lange Arbeitstag hatte deutliche Spuren hinterlassen.

Lisa wog in Sekundenschnelle ein paar passende Antworten ab. „Wir haben doch morgen Werken bei Herrn Merker. Der hat uns von dem Mechanismus der ausziehbaren Schubladen erzählt. Da habe ich angeboten, Omas Schmuckstück mitzubringen, das Ding ist ja fast antik. Und mein Zimmer habe ich abgeschlossen, weil ich gestern Sven dabei erwischt habe, wie er mir meinen CD-Player klauen wollte, weil seiner nicht mehr geht. Und …“

„Ist ja schon gut, aber es ist spät. Bring mir die Lampe und dann geh bitte sofort ins Bett. Übrigens, was hältst du von unserem Kunden, diesem Herrn Pflocker? Eine elegante Erscheinung, sehr gebildet und vermögend, wie es scheint. Jedenfalls hat er, ohne viel zu verhandeln, diese wertvolle Truhe aus dem 16. Jahrhundert gekauft und noch allerhand Bücher in kyrillischer Schrift. Er ist nett und unterhaltsam, aber irgendwie, ich weiß nicht …“

„Kalt, Mama. Der Typ ist eiskalt!“, erwiderte Lisa und ihre Mutter nickte gähnend.

„Ja, da kannst du recht haben. Jedenfalls hatten wir schon angenehmere Gäste, aber nun ja. Wir haben ein gutes Geschäft gemacht und unsere Kunden sind irgendwie alle ein wenig komisch, da gewöhnt man sich mit der Zeit dran.“

Lisas Mutter ging seufzend in das Gästezimmer zurück und schüttelte das Bett auf. Sie wunderte sich über den eigenartigen, modrigen Geruch, der im oberen Stockwerk herrschte, und öffnete die schmale Balkontür, um ihn zu vertreiben. Tief atmete sie die frische, stürmische Nachtluft ein und sah nachdenklich in den von Blitzen durchzogenen, schwarzen Himmel.

Lisa war inzwischen in ihr Zimmer geschlüpft und stellte den Nähkasten auf den Schreibtisch. Die beiden Nachtgeschöpfe aus dem Seufzerwald saßen bewegungslos im Halbdunkeln vor der Balkontür und gaben keinen Laut von sich.

Lisa bedeutete ihnen ruhig zu bleiben, steckte schnell die Nachttischlampe aus und zündete drei Teelichter an. Sie ließ die Tür angelehnt, als sie in das angrenzende Gästezimmer hinüberhuschte. Kaum war sie zurück, schloss sie die Tür sofort wieder hinter sich ab.

Auf der Flucht

„Ich will euch ja keine Angst einjagen, aber wegen des Gewitters haben meine Eltern Herrn Pflocker überredet bei uns zu übernachten, und zwar genau nebenan!“

Ein knarrendes Flügelgeräusch war zu hören und ein erstickter Laut. Gurgel von Hals war aufs Äußerste alarmiert. „Schnell, der Mantel, er muss fliegen, sonst wird uns der Jäger kriegen. Die Zeit verrinnt in raschen Zügen, am Ende wird sie uns betrügen“, zischelte er mit heiserer Stimme.

„Ich habe das Nähzeug!“, berichtete Lisa nicht ohne Stolz.

Blutzella sprang wieder mit einem Satz auf die Beine und begutachtete skeptisch den Nähkasten, den Lisa ihr entgegenhielt.

„Hier ist das schwarze Garn!" Rasch öffnete Lisa einige der vielen ausziehbaren Schubladen, in denen alle Nähseiden sorgfältig nach Farben sortiert aufbewahrt lagen. Ihre Hände zitterten, als sie einen dicken, schwarzen Zwirnfaden und die passende Nadel dazu herausnahm. Prompt stach sie sich in den Finger und ein dicker Tropfen Blut fiel direkt auf Blutzellas Hand.

Das Vampirmädchen betrachtete den auseinanderfließenden Blutstropfen aufmerksam von allen Seiten und schleckte ihn mit einer raschen Bewegung ab. „Zu essen hast du nichts mitgebracht, oder?", fragte sie Lisa, die sie mit vor Schreck geweiteten Augen anstarrte.

Lisas schüttelte den Kopf und verbarg ihren gestochenen Finger schnell in der Hand. Inständig hoffte sie, dass ihr Blut dem Vampirmädchen nicht geschmeckt hatte. Der Knoblauch hatte jedenfalls jämmerlich versagt. Nun blieb ihr zum Schutz nur noch das kleine goldene Kreuz, das sie bis jetzt unter ihrem T-Shirt verborgen hatte.

„Keine Angst, ich fresse dich schon nicht. Ich will mich ja nicht vergiften!", sagte Blutzella grinsend und fädelte geschickt den schwarzen Faden ein. „Du hast Glück, dass Opa Gruftel nicht mitgekommen ist. Den lassen unsere Ernährungsvorschriften ziemlich kalt und er hätte sicher Vergnügen an dir – vor allem jetzt, wo du so schön blass und erschrocken bist!“, unterdrückte sie ein kehliges Lachen und weidete sich köstlich an Lisas Schrecken.

„Lass in Ruh das Menschenkind, mach an die Arbeit dich geschwind!“, schimpfte Gurgel von Hals leise und sah Blutzella verärgert an.

„Ach herrje, sind Menschen wirklich so empfindlich wie alte, schaurig heulende Gespensterweiber? Nun gut, ich kann dich beruhigen: Opa Gruftels Zähne sind schon alt und morsch. Die taugen sowieso nur noch zum Breischlürfen!“, entschuldigte sich Blutzella augenzwinkernd und entlockte Lisa ein zaghaftes Lächeln.

Dann begann sie, den langen Riss in ihrem Umhang zu flicken. Flink und geschickt glitten ihre Finger über den eigenartigen, samtigen Stoff, sorgfältig und konzentriert nähte sie Stich um Stich.

Gurgel hätte sie gern zu noch größerer Eile angehalten, aber er beherrschte sich. War der Umhang nicht gut genug genäht, würden womöglich seine Dienste versagen. Also behielt die Fledermaus lieber das Wetter im Auge und nahm es als gutes Zeichen, dass das Gewitter allmählich nachließ.

Lisa saß währenddessen schweigend auf ihrem Bett und beobachtete die zwei Wesen aus der unbekannten Welt, die ihr ebenso schrecklich wie interessant erschien. Gurgels Erzählung zufolge gab es anscheinend auch dort eine funktionierende gesellschaftliche Ordnung. Sie arbeiteten, gingen zur Schule und machten sogar Urlaub. Das klang alles ziemlich normal, irgendwie nach Alltag. Trotzdem stellte sich Lisa diesen Vampiralltag sehr viel spannender vor als den Alltag in der Menschenwelt. Allein schon das Fliegen! Ob so ein Vampirmantel auch sie durch die Lüfte tragen könnte? Und die unterirdische Stadt und der Seufzerwald – wie mochte es dort wohl sein?

Jäh wurde Lisa aus ihren Gedanken gerissen, als Blutzella plötzlich zusammenzuckte und Gurgel von Hals erschrocken herumfuhr. Bevor Lisa nach dem Grund fragen konnte, hörte auch sie die Schritte und Stimmen auf der Treppe.

Ihre Eltern waren nach oben gekommen und unterhielten sich im Flur mit dem gefährlichen Gast. Dann zeigte ihm der Vater das Gästezimmer, wie man unschwer durch die dünne Wand hören konnte. Schließlich wünschten die Eltern Herrn Pflocker eine gute Nacht und gingen wieder hinunter.

Danach war es still, totenstill. Lisa hatte eine so spannungsgeladene Ruhe noch nicht erlebt. Nervös lief sie leise im Zimmer auf und ab. Blutzella nähte schweigend weiter, aber ihre Hände zitterten ein wenig, wie Lisa im flackernden Kerzenschein erkennen konnte.

Gurgel von Hals schien vollkommen erstarrt zu sein. „Er kommt!“, krächzte er plötzlich heiser. Doch nicht das leiseste Geräusch war zu hören.

Wie gebannt starrten die drei zur Tür. Langsam bewegte sich die Klinke nach unten. Blut-

zella glitt der Mantel zu Boden und Gurgel von Hals hüpfte unwillkürlich einen Schritt zurück. Noch einmal, diesmal aber heftiger, wurde die Klinke gedrückt.

Dann hörte man den Lichtschalter im Flur klicken. „Das Badezimmer ist rechts neben unserem Schlafzimmer, mein lieber Herr Pflocker!" Die Stimme von Lisas Vaters klang ein wenig verwundert, da er dem Gast erst vor wenigen Minuten den Weg zum Bad gezeigt hatte.

Der ertappte Vampirjäger entschuldigte sich überschwänglich und mit gespielter Freundlichkeit und schob seinen Irrtum auf den zu viel genossenen Wein. Schnell entfernten sich seine Schritte.

Kurz darauf rauschte mehrmals das Wasser im Badezimmer, Türen wurden auf- und zugemacht, Lichtschalter betätigt und mit einem scharfen Ruck die Tür nebenan geschlossen. Dann kehrte wieder diese gespenstische, unwirkliche Ruhe ein. Lisa saß auf ihrem Bett und zitterte am ganzen Körper.

„Beeile dich, Tochter der Nacht, sie kommt wieder, die tödliche Macht. Wir entkommen nur, wenn wir schneller sind – also spute dich, fliegendes Kind!“, drängelte Gurgel von Hals angesichts der ernsten Lage.

Blutzella atmete erleichtert auf, als sie endlich den letzen Stich gemacht hatte, und biss hastig den Faden durch. Es wurde höchste Zeit, auch sie fühlte ganz deutlich die drohende Gefahr. Wie dicke Nebelschwaden kroch sie träge durch die Luft und machte das Atmen schwer.

Blutzella reichte Lisa die Nadel und den Fadenrest. „Ich dachte, alle Menschen sind unsere Feinde. Aber ich habe mich geirrt. Ich werde meiner Familie und meinen Freunden von dir und deiner Hilfsbereitschaft erzählen. Leb wohl, Lisa!“ Blutzellas dunkle Stimme klang weich und voller Anerkennung. Sie reichte Lisa ihre bleiche, schmale Hand zum Abschied.

Lisa ergriff sie zögernd und wunderte sich, dass sie nicht eiskalt war, wie sie angenommen hatte. „Ich hoffe, ihr kommt gut an im Seufzerwald!“, antwortete sie schüchtern und erwiderte Blutzellas Lächeln. Deutlich konnte sie die schneeweißen, spitzen Fangzähne erkennen, aber sie machten ihr keine Angst mehr.

„Gewiss, das werden wir, doch nun schnell fort von hier!“, krächzte Gurgel von Hals aufgeregt und viel zu laut. Er hatte seine Brille aufgesetzt und bedeutete Lisa, die Balkontür zu öffnen. „Werde nie das Menschenkind vergessen, das sich kann mit jedem Vampir messen. Werde ein Lobgedicht in den Familienbaum schreiben, wenn mir noch ein paar gute Tage vergönnt bleiben“, sprach er zum Abschied und reichte Lisa seinen Flügel. Kaum stand er so dicht bei ihr, begann es wieder in seiner Nase zu kribbeln.

„Ich wünsche euch beiden viel Glück!“, seufzte Lisa und öffnete schnell die Balkontür.

Der stürmische Wind drängte mit aller Gewalt ins Zimmer und blies die Kerzen auf dem Schreibtisch aus. Ihm folgte ebenso stürmisch und gewaltig ein riesiger Schatten, der Lisa wie ein wildes Tier anfiel und mit voller Wucht zu Boden warf. Benommen lag sie auf dem Rücken. Neben sich hörte sie Gurgel entsetzlich kreischen und Blutzella aufschreien.

Dann entbrannte um sie herum ein heftiger Kampf. Die freundliche, angenehme Stimme des Herrn Pflocker hatte sich in ein bösartiges, heiseres Knurren verwandelt. Es war Eile geboten, doch in Lisas Kopf dröhnte und brummte es. Sie konnte kaum einen klaren Gedanken fassen. Mühsam rappelte sie sich hoch, kroch unter den Schreibtisch und tastete nach dem Regenschirm. Schwankend und zitternd erhob sie sich. Wertvolle Sekunden verstrichen, bis sie den Anzug des Vampirjägers von den anderen dunklen Umrissen unterscheiden konnte.

Gerade beugte sich Servatius Pflocker über Blutzella, die sich mit allen Kräften zu wehren versuchte. Gurgel saß auf seinem Rücken und hackte unablässig auf ihn ein. Der Vampirjäger aber kümmerte sich gar nicht um die scharfen Hiebe der Fledermaus, sondern schloss lächelnd seine gepflegten Hände um den schmalen Hals des Vampirmädchens.

Lautlos näherte sich Lisa dem Greifer von hinten. Sie zögerte nur kurz, dann hob sie den Regenschirm und ließ den hölzernen Griff mit voller Wucht auf den Kopf des Mannes sausen. Das genügte, um ihn für einen kurzen Moment zu irritieren. Er ließ von seinem Opfer ab, das mit einer katzenhaften Bewegung blitzschnell auf die Beine sprang und heftig nach Luft rang. Gurgel von Hals versetzte Servatius Pflocker noch einen letzten Hieb und eilte dann Blutzella nach, die zur Balkontür flüchtete.

Doch schon war auch der Vampirjäger wieder auf den Beinen und sprang mit einem Satz hinterher. Er bekam den linken Fuß des Vampirmädchens zu fassen, das stolperte und hinfiel.

Alarmiert von dem Lärm im Zimmer seiner Tochter, versuchte Lisas Vater vergeblich die Tür zu öffnen. Erst als er sich mit aller Kraft dagegenstemmte, gab sie nach und Herr Kaltenthal stürzte ins Zimmer.

Das lenkte den Vampirjäger für den Bruchteil einer Sekunde ab – genug Zeit für Blutzella, ihm den gefürchteten Biss zuzufügen und auf den Balkon zu flüchten.

„Oh, nein!", schrie Servatius Pflocker erschrocken auf. „Das Biest hat mich gebissen!" Er stieß einen kräftigen Fluch aus und hechtete zur Balkontür hinaus.

Lisas Vater folgte ihm und fand seinen Kunden nach Luft ringend am Geländer stehen.

„Ein Einbrecher in Ihrem Haus, aber nur keine Sorge, ich werde ihn verfolgen!", versuchte er zu erklären und ballte zornig seine Hände. „Ich werde ihn verfolgen und bei Himmel und Hölle, ich werde ihn bestrafen und für immer unschädlich machen!", presste er zwischen den Zähnen hervor, ohne sich der grausamen Schärfe seiner Worte bewusst zu sein.

Lisas Vater blieb nur mit großer Mühe halbwegs ruhig und bat seinen seltsamen Gast höflich um eine Erklärung.

Da verlor Servatius Pflocker endgültig die Fassung. „Sie hat mich gebissen, ja gebissen! Wissen Sie denn nicht, was das bedeutet?“, schrie er hysterisch und packte Herrn Kaltenthal am Kragen. Mit einem heiseren Knurren drängte er ihn zur Seite, lief schreiend durch Lisas Zimmer auf den Flur und stürzte die Treppe hinunter. Dort traf er auf Lisas Mutter, die sich in der Küche eine Portion Früchte mit Schokosoße geholt hatte. Von den Geschehnissen im oberen Stock nichts ahnend, kam sie die Treppe hoch, wo sie mit dem Vampirjäger zusammenprallte. Das Dessert flog in hohem Bogen durch die Luft und landete dann, wie auch Frau Kaltenthal selbst, weich auf dem Flurteppich.

Lisas schockierter Vater warf einen kurzen Blick auf seine verblüffte Frau. Nachdem er sich vergewissert hatte, dass sie unverletzt war, nahm er die Verfolgung von Servatius Pflocker wieder auf, dessen Spur sich aber in einer Nebenstraße verlor.

In dieser Nacht fand keiner der Kaltenthals Ruhe. Bis in die Morgenstunden diskutierten sie über das unerklärliche Verhalten des unheimlichen Gastes. Doch alle Versuche, die nächtlichen Vorkommnisse zu erklären, endeten in abenteuerlichen Vermutungen, die an die Wirklichkeit nicht im Entferntesten heranreichten. Lisa, die als Einzige die Wahrheit kannte, schwieg nachdenklich. Erst kurz vor Sonnenaufgang machte sich im Haus endlich eine wohltuende Stille breit und hüllte die Geschehnisse der Nacht in einen Mantel des Schweigens.

Müde trat Lisa auf den Balkon. Es hatte aufgehört zu regnen und der kalte Wind ließ sie frösteln. Gedankenverloren blickte sie in die dämmrige Morgenröte. Am Himmel trieben dunkle Wolkenfetzen vorüber. In den Händen hielt Lisa die kleine Brille der Fledermaus, die diese beim Kampf verloren haben musste. Ob Gurgel jemals wiederkäme, um sie zu holen? Ob die beiden Wesen aus dem Seufzerwald ihre Heimat unbeschadet erreicht hatten?

Rückkehr in den Seufzerwald

Blutzella von Dracos und Gurgel von Hals hatten unterdessen die Menschenstadt schon weit hinter sich gelassen. Heilfroh, dem gefährlichen Jäger entkommen zu sein, glitten sie durch die Nacht.

„Du hast ihn gebissen, ich hab es gesehen, sein Schicksal ist besiegelt, so soll es geschehen!“, rief Gurgel, lachte aus vollem Hals und drehte sich nach dem Vampirmädchen um, dessen Augen erleichtert funkelten.

Kurz vor Morgengrauen erreichten sie die Grenzen des Seufzerwaldes, wo Blutzellas Familie schon sehnsüchtig darauf wartete, ihre jüngste Tochter endlich wieder in die Arme zu schließen. Für die Unkosten der Rettungsaktion in Höhe eines kleinen, weißen Lamms kamen sie gern auf.

Urlaube im Menschenreich allerdings strichen die Dracos aus ihrer Ferienplanung und reisten ab sofort nur noch im Inland, dafür aber sehr komfortabel. Blutzella fand dies bald langweilig und beschloss insgeheim, bis zu ihrer Volljährigkeit zu warten, um dann in die Menschenwelt zurückzukehren und nachzusehen, was aus dem mutigen Menschenkind geworden war.

Gurgel von Hals ließ sich eine neue Brille anfertigen. Und eines Tages entdeckte er am Rande des Seufzerwaldes eine seltsame Gestalt. Zerschlissen war ihr heller Anzug, verwirrt ihr Antlitz, schneeweiß ihre neuen, spitzen Zähne. Ängstlich und gehetzt sah sie sich um, zuckte zusammen, als sie die Fledermaus erkannte, und verbarg sich hinter einem dornigen Gestrüpp.

„Fürchte dich nicht und folge mir, wir machen einen richtigen Vampir aus dir", brummte Gurgel gütig.

Ergeben in sein vorbestimmtes Schicksal folgte ihm Servatius Pflocker in den unendlichen Seufzerwald, in dem alle Geschöpfe der Nacht zu Hause sind.

Leseprobe aus:

Werner Färber, Total klasse!
Klassenfahrt mit Stolpersteinen

Schulausgabe erschienen im
Hase und Igel® Verlag, Garching bei München
ISBN 978-3-86760-084-2
Begleitmaterial für Lehrkräfte
ISBN 978-3-86760-384-3
Hörbuch
ISBN 978-3-86760-646-2

Frau Besenbinder steigt mit Xaver aus und führt ihn über den Burghof, damit er ein wenig frische Luft schnappen kann. Der Rest der 3a wird von einem regelrechten Empfangskomitee begrüßt. Hausmeister Griesberg, ein Zivildienstleistender und die Köchin heißen die Kinder auf Burg Borkenstein willkommen.

Und auch Anna Buchholz, eine Studentin, die während der Vorbereitungszeit schon zweimal in der Klasse war, erwartet die Kinder im Burghof. Anna ist mit dem eigenen Auto gekommen und wird Besi während des Aufenthalts unterstützen.

„Nehmt bitte eure Koffer und Taschen“, fordert sie die Kinder auf. „Ich zeige euch, wo ihr schlafen werdet. Wir haben ja schon in der Schule besprochen, wer mit wem ein Zimmer teilt.“

Über eine breite, abgetretene Holztreppe gelangen die Kinder in den ersten Stock. Dort gibt es zwei Zimmer mit jeweils fünf Betten. Eleonore, Naomi, Jana, Stefanie und Ilona nehmen das erste, Tina, Pia, Leo, Wolfram und Katharina quartieren sich im zweiten ein. Frau Besenbinders Zimmer liegt dazwischen. Das Fünferzimmer im nächsten Stockwerk wird von Qadir, Ulli, Ralf, Oskar und Gerit belegt. Im Sechserzimmer von Frederike, Corinna, Yvonne, Vicky und Hanna bleibt ein Bett frei. Die Studentin schläft im Dachgeschoss. Das danebenliegende Sechserzimmer wird von Benno, Anton, Zacharias, Murat und Dragan gestürmt.

„He, Mann, total klasse!“, ruft Zacharias, als er ans Fenster tritt.

Von hier oben hat man einen fantastischen Blick über das gesamte Tal und auf den Burghof direkt unter ihnen.

„Da unten sind Besi und Üppig“, sagt Murat.

„Arme Sau“, meint Dragan bedauernd. „Meinem Bruder ist früher auch oft schlecht geworden.“

Anton kennt kein Mitleid. „Üppig ist doch selber schuld, wenn er immer so viel frisst.“

Vom Fenster aus können sie beobachten, wie der Reisebus durch das enge Tor den Hof verlässt. Besi verabschiedet winkend die Fahrerin und schlendert mit Xaver zu ihrem Gepäck. Was die beiden dort unten reden, bekommen die Jungen im Dachgeschoss natürlich nicht mit.

„Geht's wieder?", erkundigt sich Frau Besenbinder.

Xaver nickt, obwohl er noch immer ein wenig zittrig ist. Im Vergleich zu vorhin fühlt er sich allerdings wieder blendend.

„Wollen wir rein?", fragt Besi.

„Ja", krächzt Xaver heiser. Sein Hals fühlt sich von innen an wie ein Reibeisen.

Als sie ins Zimmer von Oskar, Gerit, Ulli, Ralf und Qadir kommen, sind dort alle Betten belegt. Das war so nicht abgesprochen. Letzte Woche haben sie auf Qadirs Geburtstag vereinbart, dass sie auf Burg Borkenstein ein Sechserzimmer haben wollen. Weil Xaver noch unten im Hof war, hat ihnen Anna offenbar versehentlich ein Fünferzimmer zugeteilt. Dafür hat sie das Sechserzimmer mit fünf Mädchen belegt. Mit fünf Mädchen will Xaver jedoch auf keinen Fall untergebracht sein.

„Da hat Anna wohl was verwechselt“, meint Besi zu den Mädchen. „Ich fürchte, ihr müsst noch mal tauschen.“

„Was?“ – „Nein!“ – „Bitte nicht!“ – „Wir haben doch schon eingeräumt!“, rufen alle durcheinander.